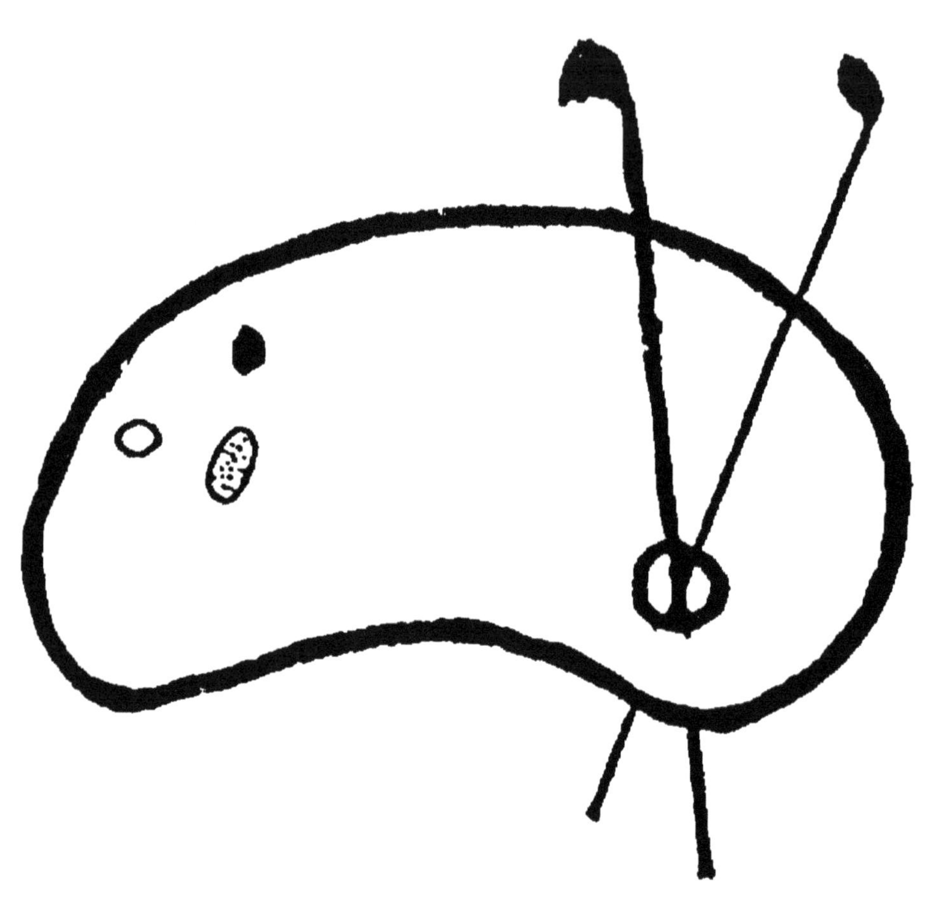

ORIGINAL EN COULEUR
NF Z 43-120-8

VALES FAILDE

LA PROTECTION

DES

JEUNES FILLES EN ESPAGNE

MADRID
TIP. DE LA «REVISTA DE ARCHIVOS».
Olózaga, 1.—Teléfono 3.185.
1912

[illegible handwritten note]

LA PROTECTION

DES

JEUNES FILLES EN ESPAGNE

PAR

JAVIER VALES FAILDE

VICAIRE GÉNÉRAL DE MADRID
DOCTORAL DE LA CHAPELLE ROYALE

MADRID
IMPRENTA DE «ARCH., BIBL. Y MUSEOS»
Olózaga, 1 —Teléf. 3.185.
1912

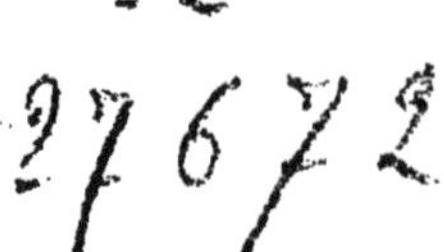

CONSEILLÈRES

Madame la Duchesse de Montellano.
—   *Duchesse de Aliaga.*
—   *Duchesse de Zaragoza.*
—   *Marquise de Nájera.*
—   *Marquise de San Felices de Aragón.*
—   *Marquise de Torralba.*
—   *Comtesse de Aguilar de Inestrillas.*
—   *Comtesse del Puerto.*
—   *Comtesse de Scláfani.*
—   *Comtesse de Xiquena.*
—   *Comtesse de San Román.*
Mademoiselle Inés de Arteaga.
—   *Luisa de Silva.*
—   *Asunción García Loygorri.*
—   *Juana del Prado.*
—   *Luz Martínez Jugo.*

CONSEILLERS

Monseigneur Javier Vales Failde.
Monsieur Manuel de Uriarte.

AVANT PROPOS

Avant de livrer ce modeste ouvrage à la publicité, permettez moi, bienveillant lecteur, d'arrêter votre esprit pendant quelques instants sur deux considérations préliminaires.

Et d'abord, à quelle raison cet humble opuscule doit-il son existence? A une raison de solidarité sociale et internationale. J'estime, en effet, au point de vue du Christianisme et de la Sociologie, que les Nations forment une seule famille indivise où les grandeurs, les luttes et les travaux de chaque membre doivent servir à l'utilité et à l'instruction de tous les autres. Or, en ce moment, le combat du bien contre le mal se fait de plus en plus serré chaque jour. A un relachement de mœurs desolant, à un individualisme de plus en plus accentué, repondent de tous côtés une efflorescence nouvelle de vertu sociale, un dévouement ingénieux et illimité.

Notre chère Espagne ne le cède à aucun Nation dans l'accomplissement de cette œuvre humanitaire et régénératrice; au sein de son aristocratie de pur linage, il est des âmes qui s'inclinent vers les humbles et les petits; du milieu de ses traditions de vertu et de foi naissent des institutions généreuses pour fortifier les faibles, adoucir les blessures des meurtris de l'existence et ramener dans les droits chemins les pauvres faillies de l'honneur.

Ce bien realisé en majeure partie par des associations feminines, les autres Nations l'ignorent: ce petit livre va le leur dévoiler.

Le Congrès Eucharistique qui deploye ses magnificences en Juin dernière dans notre Capital fut la cause première de cette révélation. Toutes les dames de notre *Association catholique internationale des œuvres pour la protection de la jeune fille*, promotrices constantes du grand et du bien, après l'audition de ce petit mémoire lu en pleine réunion de notre œuvra pendant le dit Congrès, désiraient aussitôt sa publication.

Or, pour moi, les désirs du Comité espagnol sont des ordres. Je me décidai donc à le publier, songeant à cette parole de Pierre Loti dans son *Livre de la pitié et de la mort:* Le désir de faire le bien est la seule raison immaterielle que l'on ait d'écrire.

Et de là je passe à la seconde considération.

En quelle langue repandre cet ouvrage? Mon cœur d'espagnol et de patriote nommait, d'ores et déjà, le noble et majestueux idiome castillan. Mais pourquoi le celer? Ce petit livre était destiné dans ma pensée à l'étranger plutôt qu'à notre péninsule. Sa seule fin était de faire connaître au prochain Congrès international de Turin d'abord, au monde entier ensuite, les résultats merveilleux obtenus par nos dames espagnoles dans le champ catholico-social.

Pour cela même, il me fallait choisir une langue plus universellement repandue que le castillan et c'est à la langue française que j'ai eu recours, sûr par là de trouver des lecteurs dans tous les pays.

En dernier lieu, et pour la satisfaction de ma conscience droite et loyale, je termine en déniant par avance toute idée vénale dans la diffusion de cet humble travail. Si quelque bénéfice résulte de la publication il sera integralement consacré, dans la Chapelle de l'*Hospederia* du Patronage de Marie, au culte de N. D. du Bon Conseil, nommée Patronne de l'*Association catholique internationale des œuvres pour la Protection de la jeune fille* par S. S. Pie X en son Bref du 19 Juin 1911.

CONFÉRENCE

PRONONCÉ À MADRID LE 26 JUIN 1911

DANS L'ASSOCIATION CATHOLIQUE INTERNATIONALE DES ŒUVRES

DE PROTECTION DE LA JEUNE FILLE

Altesse Sérénissime (1).

Au nom de l'Association catholique internationale fondée pour la protection des jeunes filles, et que Votre Altesse Royale préside avec un zèle intelligent, un bienveillant enthousiasme connus et admirés de tous, permettez-moi, Altesse, de vous exprimer notre vive et profonde reconnaissance pour avoir daigné présider vous-même aujourd'hui notre Assemblée. En acceptant cette charge, vous n'avez pas craint d'assumer une obligation de plus, malgré les nombreuses tâches qui vous incombent relativement au Congrès Eucharistique dont vous êtes l'âme et qui déroule si grandiosement ses fêtes en ce moment.

Et non seulement, Madame, je rends un témoignage public de notre gratitude,

---

(1) S. A. R. l'Infante Isabel de Borbon.

mais je me réjouis, du plus profond de l'âme, en voyant cette réunion réhaussée par l'éclat de votre présence auguste. Au point de vue sociologique, il existe une loi dont la réalisation est infaillible, et cette loi la voici: «L'imitation est toujours en raison directe de la supériorité du modèle et en raison inverse de sa distance.» Or, Altesse, ces deux conditions existent dans le bel exemple que vous nous offrez, lui communiquant ainsi toute force et toute efficacité. Placée par Dieu près du trône royal votre supériorité sociale sur tant d'autres est incontestable, mais le grand cœur qui vous fut donné en partage s'efforce de diminuer l'éloignement qui vous sépare des petits, des malheureux de la terre, et vous fait incliner charitablement vérs eux pour soulager leurs maux et fortifier leurs faiblesses.

Aussi, j'en ai la conviction, de même qu'une cascade précipitant ses ondes jaillissantes d'un point élevé porte au loin une influence fécondante, de même l'acte que nous réalisons aujourd'hui sous votre haute égide, Madame, aura, en vertu de la loi de sociologie à laquelle j'ai fait allusion, aura, dis-je son retentissement jusqu'aux confins de l'Espagne, faisant partout sentir son effet salutaire et bienfaisant.

Dans l'invitation aimable et distinguée que notre très digne Présidente la Marquise de la Mina, âme et vie du Comité espagnol, nous envoya au nom de Son Altesse Royale pour assister à cette réunion il était dit ceci: «L'objet de ce petit congrès est de nous pénétrer tous les jours davantage des fins de notre Association, de donner le résultat de nos efforts à la connaissance de la Vice-Présidente Générale et autres membres de toutes nations, d'exposer les difficultés et les obstacles contre lesquels nous nous heurtons, étudiant en même temps les moyens de les vaincre et enfin d'écouter les conseils qu'une expérience consommée jugera propres à nous diriger plus sûrement sur le champ d'action que nous défendons pied à pied.»

La première et la dernière partie de ce programme ont déjà reçu leur accomplissement puisque notre très digne Vice-Présidente Générale se surpassant elle-même dans l'éloquent discours que nous venons d'entendre et d'applaudir avec tant de satisfaction, nous à exposé en maître le but vraiment sauveur de cette Œuvre protectrice, terminant par des avis maternels puisés dans son cœur pour la réalisation complète de ses fins et le succès de ses travaux.

Il reste donc maintenant à faire connaître les efforts du Comité espagnol. A moi incombera cette tâche si vous le voulez bien, quoique je sois le dernier et le plus humble des membres de ce Comité. J'ajouterai même que celà me revient, puisque faisant partie de l'Association depuis un temps relativement court et n'y ayant apporté encore aucun profit important je pourrai dévoiler à mon aise tout le bien réalisé sans le cacher sous les voiles de l'humilité et de la modestie.

C'est donc sur votre bienveillance que je compte en remplisant cette charge et je saisis d'abord avec empressement l'occasion qui m'est offerte de vous saluer au nom de notre bien aimé Prélat (1).

____

(1) Mons. Salvador y Barrera.

Aux vaillances d'un cœur d'apôtre il joint les prestiges d'une sociologie consommée et d'esprit et de désir il se trouve parmi nous ce matin. Je regrette que sa parole vibrante et chaude ne puisse résonner ici en ce moment et trouver écho dans vos cœurs! Mais, vous le savez, les multiples occupations du Congrès Eucharistique l'en ont empêché. Je salue donc, en son nom, cette imposante et digne Assemblée et particulièrement les dames charitables du monde entier qui nous honorent de leur présence. Que toutes reçoivent la paternelle bénédiction de leur vénéré Prélat en même temps que ses vœux ardents pour la prospérité de l'Œuvre!

Pour quiconque suit avec attention —ne fût ce que de très loin comme c'est malheureusemente mon cas— le mouvement littéraire contemporain, c'est un fait avéré qu'en cette époque, un changement lent mais sûr s'y opère. Aux nouvelles émaillées de plaintes, de gémissements, de sensibleries, de lyrismes et d'invraisemblences dont l'école romantique use et abuse; aux crudités, aux documentations et argumentations sans morale ni beauté, œuvres propres à certaine catégorie de réalistes ou naturalistes, à ces œuvres, dis-je de conception timide et de dénouement illogique qui aujourd'hui abondent... on va substituant peu à peu une littérature plus vraisemblable dans laquelle, revêtus de la forme nouvelliste si attractive et si douce, s'exposent et se résolvent les questions actuelles les plus agitées, les problèmes sociaux les plus débattus dans la société contemporaine.

Dans ce genre d'études, il est juste de saluer en premier l'académicien français, René Bazin, qui, au mérite d'écrivain distingué unit celui plus grand encore de chrétien de forte souche.

Le Congrès Eucharistique, célébré en ce moment, lui donne une actualité de plus puisque R. Bazin, dans le dernier Congrès de Rome, étant chargé d'un discours public, disserta à merveille sur «l'Eucharistie, lien entre tous les hommes».

Le célèbre auteur, dans une de ses nouvelles les plus connues nous présente une jeune fille bretonne, poussée par la misère vers la grande cité, vers ce Paris qui exerce sur les paysans français une fascination analogue, à celle de la lumière sur les papillons. Hélas! combien de fois aussi les pauvres gens brûlent-ils à ce foyer des ailes qui devaient leur servir à voler vers le Ciel.

Notre petite Bretonne arrive dont à Paris et là il semble que tout se concerte pour la perdre. Le luxe la fascine, les jeunes gens la courtisent, ses compagnes de service lui donnent de pernicieux conseils et les passions intérieures — triste partage du genre humain — fortifiées et alimentées par l'oisiveté, la poussent vers le mal avec une impulsion de plus en plus vigoureuse.

Pendant que des dangers si pressants et si nombreux l'entourent rien ne s'offre à ses regards pour lui servir de protection. De pratiques religieuses, elle en a perdu le goût — Sa famille?... elle ne la connaît plus que dans un éloignement voisin de l'oubli. La maîtresse?... Elle est bonne, voire même catholique militante mais son grand tort est d'abandonner ses domestiques, les laissant vivre dans la plus périlleuse promiscuité. Dans de telles conditions, que fera la malheureuse servante? Elle se perdra pour la religion, pour le foyer, pour la patrie, elle ira prendre rang dans cette légion de femmes dégradées de laquelle le Cardinal Bourret disait éloquemment mais combien tristement: «C'est l'humiliation de l'humanité et le grand fléau des sociétés modernes.»

Combien de pauvres victimes semblables à l'héroïne de René Bazin sauvez-vous journellement par le moyen de votre Association internationale, vous, Mesdames qui m'écoutez! Tantôt c'est la perte morale des jeunes filles conjurée pendant le cours des voyages grâce à vos affiches blanches et jaunes placées bien ostensiblement dans les gares et les trains, grâce aussi aux «Missions des Gares» œuvre de préservation s'il en fût. Tantôt c'est cette même perte evitée au milieu des grandes villes en donnant l'hospitalité dans votre prope «Home» aux jeunes filles sans place. Mi·ux encore, c'est pour ces mêmes personnes, l'éxode rural prévenu en les retenant dans leur pays natal par des Syndicats féminins.

Eh bien! Mesdames! tous ces moyens de préservation trouvent leur application dans notre chère Espagne. Nous fixons, nous aussi, dans nos temples et nos trains, les éloquents affiches aux couleurs pontificales; nous avons, nous aussi, de très dignes dames qui, chaque jour, avec une abnégation admirable, se rendent dans nos gares, portant sur la poitrine les insignes de notre Association dans le but de recevoir, à la descente du train, les pauvres enfants à la recherche d'un gagne-pain! Il est juste de consigner ici que cette mission fût grandement facilitée par S. M. Alphonse XIII notre auguste Souverain, car le décret royal en date du 9 Septembre 1902 ordonna que les dames portant le ruban jaune et blanc, insigne de l'Association et une letre de créance personnelle, pourraient toujours avoir entrée libre sur les quais; des plus, elles ont à leur disposition, au cas échéant, l'appui des employés du gouvernement et des

Compagnies. Nous possédons également à Madrid une Hospederia destinée à recueillir les jeunes filles poussées dans cette ville par la fatalité du mirage et un «Home» spécial pour les Anglaises dont le nombre augmente chaque jour à Madrid pour des causes diverses. Nous comptons enfin sur un Syndicat féminin créé avec tous les avantages et les facilités de l'Economie Sociale et beaucoup de Patronnages et en dernier lieu sur nos plans relatifs à l'émigration des jeunes filles.

Permettez-moi donc, Mesdames, si ce n'est abuser de votre patience, de vous entretenir quelques instants sur chacune de ces œuvres.

LA MISSION DES GARES EN ESPAGNE

Il y a peu de mois que, dans une pittoresque village des Asturies caressé par les effleuves marines de l'Océan et coquettement blotti dans le feuillage des vertes pommeraies, vivait une jeune fille aimable et gracieuse comptant à peine dix sept printemps. Elle secondait son père dans la culture des champs de maïs, la fabrication du cidre et autres travaux rustiques qui retombent presque entièrement sur la femme, dans ces pays du Nord dépeuplés et affaiblis par l'émigration.

Le père de notre jeune fille était veuf, mais sa conduite morale, malheureusement ne pouvait servir de bon exemple à son enfant. Celle-ci se voyant librée à elle-même, en danger de se perdre au milieu de la liberté de mœurs habituelle dans nos campagnes, prit le parti de venir à Madrid après avoir soustrait à son père l'argent indispensable pour son billet de chemin de fer, sans un centime de plus!

La voilà donc arrivée dans cette ville, sans une amitié sûre pour la protéger au sein de la cité tentatrice, sans argent pour se réfugier dans une modeste hôtellerie, portant sur sa physionomie le cachet ingénu et dans ses manières l'innocente gaucherie des jeunes paysannes qui les font infailliblement reconnaître *à priori*. Or, je vous le demande, Mesdames, n'est-ce pas là une victime propice, une proie sûre pour le premier de ces exploiteurs infâmes dont le nombre hélas! va toujours croissant dans les grandes capitales?

Presque en même temps, une autre jeune fille du pays de Galice ou plutôt une enfant, à l'air avenant et à l'âme candide, arrivait dans cette ville à la recherche de son père. Celui-ci avait quitté le pays natal lorsque sa fille n'était encore âgée que de deux ans et depuis cette date déjà lointaine, nulle relation de famille n'existait plus pour lui. De l'auteur de ses jours l'enfant savait seulement une chose: c'est qu'il s'appelait Crispin. Munie de ce pauvre renseignement elle descend à notre gare du Nord et, dans sa candeur toute villageoise, demande au premier venu, comme la chose la plus naturelle du monde, de vouloir bien lui indiquer la demeure de «Crispin» son père!!!!

Qui donc sauve ici ces jeunes filles moralement abandonnées et en péril imminent de se perdre? Qui donc les empêche de tomber aux mains de ces loups ravisseurs et perfides, de ces infâmes exploiteurs de blanches, mille fois plus redoutables que les traficants de noirs et dont l'inavouable commerce profane les corps et perd les âmes?

Qui donc, encore une fois?.. Simplement notre *Mission des Gares*, les dames qui s'imposent librement la tâche de se rendre chaque jour aux arrivées des trains et qui, douées de cœur, de dévouement, de tact, d'éducation et surtout de charité chrétienne recueillent les jeunes arrivantes et ne les abandonnent pas jusqu'à ce qu'elles les sachent placées en lieu sûr.

Deux systèmes peuvent être adoptés

dans cette œuvre si louable. Recueillir les jeunes filles à la descente du train et leur remettre l'adresse d'un abri hospitalier, couvent ou hôtellerie où elles seront bien reçues; ou, comme cela se pratique à Munich conduire soi-même les jeunes filles jusqu'à cet abri. Ce dernier système est indubitablement le plus avantageux parce que, comme dit Mme. Ammam de Münich: «on a en chemin, une excellente occasion de causer avec sa protégée, on lui donnera de bons conseils, on lui indiquera les heures des messes, des saluts, l'adresse d'un patronage; on provoquera ses confidences, on tâchera de gagner sa confiance, afin de pouvoir lui faire du bien. Ainsi, par l'*Œuvre des Arrivantes,* nous nous mettons en relation directe avec les jeunes filles qui, une fois que leur cœur est gagné, reviennent nous voir, soit à la gare, soit chez nous, et nous considèrent comme des amies. Ce point est très important; car, si les jeunes étrangères se sentent absolument isolées, elles tâchent de nouer des relations avec les personnes de leur pays qui habitent la ville où elles arrivent, et souvent ce sont ces compatriotes qui les entraînent au mal. *L'Œuvre des Arrivantes aux gares* a donc l'immense avantage de nous faire connaître des jeunes filles, de nous gagner leur affection, cette affection qu'on donne volontiers spontanément à la première amie que l'on rencontre en pays étranger» (1).

C'est aussi le système suivi par nos dames espagnoles qui reçoivent les voyageuses à la gare et les conduisent soit à notre *Hospederla*, soit à la bienfaisante Institution des Religieuses Trinitaires fondée comme on le sait déjà par une intelligente et pieuse dame espagnole.

Comme cette fondation répondait à une évidente nécessité sociale, elle s'est étendue dans l'Espagne tout entière et rend à notre œuvre d'inappréciables services en ouvrant ses portes à nos protégées.

Il est juste de reconnaître ici que les autorités de notre ville ont contribué dans une large mesure au succès des Missions des Gares. Au décret mentionné plus

______

(1) Max Turmann: *Initiatives féminines*, pág. 393. Paris, 1905.

haut et rendu par Sa Majesté Alphonse XIII, le Ministre des Travaux publics donna sa parfaite réalisation le 30 Octobre 1907, en s'adressant au directeur général de ce même Ministère. Il lui faisait part de la nécessité de coopérer aux vues élevées et moralisatrices de l'Association internationale pour la protection des jeunes filles et de faire en sorte que les femmes voyageant seules ne soient pas exposées à tomber aux mains de traficants immoraux. A cette fin, il fut recommandé aux Compagnies de Chemins de fer de donner les ordres nécessaires pour que les employés permettent le libre accès des quais aux dames de l'Association facilement reconnaissables, grâce à leur insigne—nœud jaune et blanc—et à leur lettre de créance personnelle: en cas de nécessité, elles ont droit à l'aide et à la protection.

Mais, le fonctionnement des Missions des Gares serait d'une importance secondaire si l'existence en était ignorée de nos pauvres émigrantes campagnardes qui affluent chaque jour vers les grandes cités. C'est ici que les afiches blanches et jaunes viennent nous servir à merveille. Nous en avons placé à profusion et bien en vue dans les trains, les gares, les ports, les vapeurs et même, avec l'autorisation de notre bien-aimé Prélat jusqu'à la porte de nos églises, jusqu'à ma chaire d'Economie Sociale au Séminaire et au Musée social son annexe. Elles sont là, occupant partout une place ostensible afin que, par cette diffusion voulue d'affiches, le généreux projet de notre Vice-Présidente Générale reçoive sa complète réalisation.

Nos affiches sont de deux catégories: les unes s'adressent aux jeunes voyageuses, les autres à leurs parents.

En voici la teneur:

AVISO Á LAS JÓVENES É HIJAS DE FAMILIA

Jóvenes y sin experiencia, no ambicionéis dejar vuestras casas para ir en busca de una colocación ó de una posición más alta de la que ocupáis.

Seguid los consejos de los que no desean sino vuestro bien. No dejéis vuestro hogar por humilde que sea. Tratad de ganar vuestra vida en la aldea ó en la ciudad que os vió nacer. *Cada día se hace más difícil ganar honradamente el sustento en las gran tes poblaciones.*

No os dejéis engañar; las falsas apariencias de un bienestar *que no encontráis,* no os compensan el cariño de la madre que dejasteis, los consejos del padre, el calor de la familia.

Sin embargo, si las circunstancias os fuerzan á ir en busca de trabajo lejos del hogar paterno, *no emprendáis la marcha sin atender á estos consejos:*

I. No salgáis en busca de colocación sin antes haber aprendido algo (coser, planchar, guisar, etc.).

II. No dejéis *nunca* vuestras casas sin saber de antemano adónde vais.

Tened cuidado de los anuncios y ofrecimientos que os hagan. Millares de jóvenes han sido vilmente engañadas, viendo demasiado tarde que habían caído en el lazo que les tendían.

Dirigíos siempre que lo necesitéis á la *Asociación Católica Internacional de Obras para la protección de las jóvenes,* esta Asociación, fundada especialmente para vosotras y que extiende sus ramas á uno y otro hemisferio, para que allí donde vayáis encontréis un apoyo y, en lo posible, el calor del hogar, el cariño de la madre que tuvisteis que dejar, os dará, *sin que hayáis de hacer gasto alguno,* todos los informes que pudieran seros necesarios.

III. Acostumbraos desde niñas á conocer esta Asociación *que es vuestra,* á conocer sus insignias, á saber que tiene por divisa los colores blanco y amarillo y por Patrona á la Augusta Madre de Dios, bajo la advocación de Madre del Buen Consejo. Poneos bajo su amparo, no olvidéis invocarla cada día y que Ella os guíe y os proteja.

AVISO Á LOS PADRES DE FAMILIA

Padres y madres de familia que tenéis que guardar el precioso tesoro de la inocencia de vuestras hijas, no las dejéis salir de vuestro lado. Tratad de encontrarles trabajo, un oficio que les permita ganar el sustento sin abandonar el humilde pero honrado hogar.

Temed los grandes Centros, las ruidosas poblaciones, en donde se encierran tantos peligros para la juventud; pero si las circunstancias os obligan á que vuestras hijas se separen de vosotros, no las dejéis marchar sin dirigirlas á la *Asociación Católica Internacional de Obras para la protección de las jóvenes.*

Esta Asociación, que se honra en tener por divisa los colores pontificios (blanco y amarillo), y tan especialmente bendecida por nuestro Santísimo Padre el Papa Pío X, protege moralmente á toda joven que se halla sola, y muy especialmente durante sus viajes, yendo, previo aviso, á esperarla á las estaciones.

Acostumbrad, pues, á vuestras hijas á conocer las insignias de la Asociación y á saber que allí donde vea las insignias de la Santa Sede allí encontrará una mano cariñosa, un corazón que la atienda, que la consuele y que, si preciso fuere, la ayude á levantarse de alguna penosa caída.

Las señas á que pueden dirigirse en España son:

MADRID: Patronato-Hospedería, calle de Rodríguez San Pedro, esquina á Gaztambide (provisionalmente Mendizábal, 68).

—Colegio de María Inmaculada, calle de Fuencarral, 113.

—Sindicato Obrero Femenino, calle de San Bernardo, 7.

ALMERÍA: Colegio de Maria Inmaculada, calle de San Juan.

AVILA: Calle de Valladolid, 7 y 9.

BARCELONA: Calle de Archs, 1.

—Colegio de María Inmaculada, Consejo de Ciento, 393.

BILBAO: Calle del Correo, 6.

—Colegio de María Inmaculada, calle de Fontecha y Salazar (Campo Volantín).

BURGOS: Colegio de María Inmaculada, calle de Santa de Clara, 60 (Barrio de Vega).

CÓRDOBA: Colegio de María Inmaculada, calle de José Rey, 18.

GRANADA: Calle Duquesa, 41.
— Colegio de María Inmaculada, calle de Elvira, 97.
GUADALAJARA: Calle de Jáudenes, 106.
JEREZ DE LA FRONTERA: Plaza de Domecq, 48.
MÁLAGA: Calle de Tejón y Rodríguez, 37.
ORENSE:
OVIEDO: Calle Nueva.
SAN SEBASTIÁN: Calle del Príncipe, 12.
SEVILLA: Calle de Jesús, 4.
— Colegio de María Inmaculada, calle de Jesús, 6.
TOLEDO: Colegio de María Inmaculada, plazuela de San Antonio, 7.
VALENCIA: Colegio de María Inmaculada, calle de Caballeros, 12.
VALLADOLID: Colegio de María Inmaculada, calle de Francos, 34.
VILLAFRANCA DE LOS BARROS:
VITORIA: Colegio de María Inmaculada, calle de Rioja, 25.
ZARAGOZA: Calle de Juan de Aragón, 15.
— Colegio de María Inmaculada, calle de Juan de Aragón, 28.

II

HOSPEDERÍA DU PATRONAGE DE MARIE

Nous disions il y a quelques instants, que les jeunes filles recueillies dans les gares par la main bienfaisante de nos Dames patronesses, celles qui sans moyen de subsistance et sans protection s'adressent spontanément à notre Association, ou celles qui nous sont quotidiennement recommandées par nos Comités des provinces ou de l'étranger trouvent un abri commode, chrétien et gratuit en l'*Hospedería* du Patronage de Marie.

Quand et à quelles fins fut fondée à Madrid cette œuvre si nécessaire à notre Espagne pour calmer les angoisses sociales de l'heure présente? Quels résultats ont été obtenus depuis sa fondation jusqu'à ce jour? La suite va nous l'apprendre:

Le 22 Juin 1902, fut célébrée, dans une antique et spacieuse demeure de la rue de la Bola, l'inauguration de l'*Hospederia*. Une circulaire parfaitement rédigée par Mme. la Marquise de la Mina et Mme. la Comtesse de Catres nous apprenait que cet établissement avait pour fin d'abriter gratuitement les jeunes filles sans recommandation, sans place et librées à un dangereux abandon. Tout le temps de leur séjour dans cette maison, les hospitalisées devaient être l'objet d'une scrupuleuse vigilance et des précautions nécessaires pour sauvegarder la vertu de toutes et de chacune. En d'autres termes, c'était un logement pouvant être mis à la disposition de toute jeune fille inconnue à la recherche d'une place honorable et dont l'admission est imposible, faute de renseignements sur son compte, au Collège des Religieuses de Marie Immaculée, ou comme on dit ordinairement «Au service domestique».

Cette fin si clairement indiquée fut encore mieux précisée, s'il est possible, dans le 1.er article du Règlement ainsi conçu: «L'objet de l'Association du Patronage de Marie pour la préservation de la jeunesse féminine sera: 1.e Protéger moralement et materiellement les jeunes filles qui, manquant de protection se trouvent en danger de s'écarter du dévcir et...

»3.e Héberger dans l'*Hospederla*, si le local et les ressources le permettent, celles qui se trouveraient sans travail, à la condition d'être reconnues véritablement nécessiteuses et de bonnes mœurs.»

Un an après la fondation, par une belle soirée de Juillet 1903, vous voulûtes, Mesdames, célébrer une solennité d'actions de grâces dans la petite chapelle de l'*Hospederla*, tout artistique et pleine de recueillement. C'est l'humble prêtre qui en ce moment s'honore de vous adresser la parole que votre délicatesse choisit pour prononcer le discours de circonstance en ce jour. Et ce discours fut entièrement reproduit et publié par un journal digne entre tous de protection et d'éloges, j'ai nommé: *El Universo.*

Lointaines déjà sont les paroles prononcées à cette occasion! Cependant permettez-moi d'en redire quelques unes parfaitement applicables à la solennité d'aujourd'hui:

«Abstraction faite de nombreux cas de perversité morale, les causes de la prostitution peuvent se ramener à trois: ignorance religieuse, manque de place avec son inévitable conséquence: la faim, et surtout la séduction des malheurenses qui viennent des campagnes dans nos grandes villes, car, comme l'observe juicieusement Angelo Fonseca, nos villageoises, avec la simplicité naturelle qui les caractérise comprennent difficilement l'égoïsme qui domine dans la société de nos grands centres et elles arrivent, insouciantes et inexpérimentées, pour se mettre à la poursuite d'un bonheur illusoire.

»Votre œuvre de protection, Mesdames, s'attaque à ces causes en les atténuant ou les détruisant complètement. Vous dissipez l'ignorance religieuse de vos protégées grâce à l'enseignement quotidien qu'elles reçoivent des bonnes religieuses: chaque matin elles entendent la messe célébrée par l'aumônier de l'*Hospederia* D. Mariano Trillo: elles se confessent fréquemment au docteur D. Francisco

Parés, professeur et Mayordome du Séminaire; enfin l'explication doctrinale de la Religion leur est faite. Quant à la séduction à laquelle sont exposées les jeunes filles venant à Madrid en quête d'une place, vous la prévenez en vous rendant vous-mêmes aux Gares et en les recevant dans l'*Hospedería*. Vous mettez ainsi à profit le privilège que vous possédez de pénétrer jusque sur les quais, de vous reposer dans le logement de l'Inspecteur et d'exiger s'il est utile, la coopération des Employés des Compagnies et des agents de sûreté. Ces privilèges, concédés par deux décrets royaux, témoignent publiquement de l'attention toute particulière accordée par notre Auguste Monarque à des questions d'un intérêt aussi vital que les questions sociales.

»Enfin, vous contribuez au bon placement de ces jeunes filles et leur enseigner pendant leur résidence à l'*Hospedería* différents genres de travaux dont nous venons de voir quelques louables spécimens. Quels ont été les résultats de ce grand apostolat? Un an s'est à peine écoulé et vous avez recueilli en votre

Hospederia 225 jeunes personnes venant des provinces d'Espagne, de France et d'Angleterre. Toutes ont résidé plus ou moins longtemps dans l'*Hospederia* et on peut les répartir, suivant leurs degrés de nécessité de la manière suivante.

»Jeunes filles qu'il convenait de délivrer du péril moral dans lequel elles se trouvaient: 18, dont 5 passèrent chez les Adoratrices, 8 chez les Oblates et 5 chez les Trinitaires.

»Jeunes filles qui, pour diverses raisons devaient être réintegrées dans leurs familles: 22, à plusieurs d'entre elles furent payées toutes les dépenses nécessaires au voyage.

»Les autres se placèrent de différentes manières en cette ville, mais toujours avec le secours de l'Association.»

Si une seule année vous a suffi pour recueillir des fruits si abondants, que n'aurez-vous pas obtenu jusqu'à l'heure présente? En effet, au moment d'écrire ces lignes, voici les chiffres portés à ma connaissance. Depuis 9 ans, l'*Hospederia* du Patronage de Marie tenue par les Sœurs de Charité qui ont succédé aux

Religieuses de Marie Immaculée, a reçu en son sein *1400* jeunes filles qu'elle a placées ensuite convenablement. De plus, elle a donné une situation à *806* autres jeunes filles sans necéssité de stage préalable à l'*Hospedería*. Enfin, l'Ouvroir est occupé d'une façon habituelle et permanente par quinze jeunes personnes vivant dans leurs familles.

Parmi les jeunes filles placées, douze sont entrées comme religieuses dans différentes communautés, douze autres ont embrassé l'état du mariage, six ont fait leur première communion et quatre ont reçu la grâce initiale du saint baptême. Ceci concerne surtout les Espagnoles, bien que notre établissement ait reçu et placé pendant le même laps de temps trois cent quatre vingt deux Françaises et Anglaises.

Qu'il me soit donc permis, Mesdames, d'appeler l'attention (oh! très brièvement!...) de votre nombreuse et aristocratique assemblée sur la rapide statistique que je viens de lire:

On pourrait croire à première vue que l'*Hospedería* du Patronage de Marie

est un abri, un refuge où les jeunes abandonnées trouvent seulement un appui moral et religieux destiné à prévenir le mal
social qui, au dire de S. E. Mgr. Früh-
wirth, nonce actuel de Bavière est: «un
affront sanglant à la moralité publique,
non seulement un danger, mais une véritable calamité pour la famille et pour la
Société entière.»

Cependant, pour peu qu'on s'arrête
quelques instants devant les chiffres pré-
cédemment exposés à votre considération,
il est aisé de constater que l'*Hospederia*
est aussi un véritable *Bureau de placement* présentant les nombreux avantages économiques et sociaux qu'une institution de ce genre offre toujours. En
plaçant après une instruction convenable
la plupart de ces jeunes filles soit comme
institutrices, soit comme cuisinières, bonnes d'enfants, femmes de chambre, etc.,
vous résolvez, Mesdames, sans vous en
rendre compte peut être, une des crises
sociales les plus profondes et les plus
déplorables de l'heure présente: la crise
de la société mercenaire ou du servilisme.

En effet, en procurant à ces jeunes do

mestiques le bienfait de l'enseignement religieux, vous infiltrez dans leurs âmes, lentement mais sûrement, les vertus chrétiennes qui les rendront honnêtes, travailleuses, économes et modestes. De cette manière, les maîtresses de maison traitant avec des subalternes si parfaites, se verront nécessairement obligées d'agir avec elles de la manière exposée par monsieur l'Abbé Hermelin il y a peu de temps, dans les colonnes de notre Revue internationale, c'est à dire: «avec justice d'abord, avec bonté ensuite, avec respect, comme des égaux devant Dieu, avec reconnaissance, comme des personnes qui lui rendent de grands services que l'argent n'est point capable d'acquiter complètement, mais qui réclament en plus un don de l'âme—avec déférence, comme des gens qui, lui étant inférieurs par leur situation, leur sont parfois bien supérieurs par l'esprit et par le caractère; avec indulgence, se rappelant qu'il a lui-même ses défauts et que, suivant une parole célèbre: aux qualités qu'on exige dans un domestique, peu de maîtres seraient dignes d'être valets.»

Mais, toutes les jeunes filles placées ne

l'ont pas été dans la condition de domestiques, condition, en somme, bien instable et transitoire. Plusieurs, un assez grand nombre même, se sont créé une situation définitive. Par vos soins, Mesdames, quelques unes ont contracté une alliance chrétiene: Vouz avez fait tomber sur leurs jeunes têtes des torrents de grâces découlant de cet organe mystérieux appelé par nous: sacrement. Et, en les mariant à d'honnêtes ouvriers, en leur faisant fonder un foyer pauvre et humble, c'est vrai, comme celui de Nazareth, mais avec des espérances de sainteté et de bonheur, vous contribuez également à donner une heureuse solution à la deuxième crise plus redoutable encore et plus triste que la première: la crise de la famille ouvrière. Au sein de ces ménages honnêtes et chrétiens, la restauration de la famille ouvrière ira s'effectuant peu à peu grâce à la religion catholique aidée par les trois forces sociales que nous nommons: Patronage, Association et Interventionisme de l'Etat (1).

____

(1) Voir notre discours (*Crise de la famille ouvrière*) prononcé à l'ouverture solennelle du

D'autres jeunes hospitalisées, en nombre croissant, ont fait choix d'un état de vie meilleur et plus parfait. Qui n'admirera encore ici l'action merveilleuse de la Providence? Ces jeunes filles arrivent dans notre «abri» guidées par le doigt de Dieu, à l'âge des illusions et des espérances, alors qu'autour d'elles le monde, le démon, leurs propres passions tendent des filets pernicieux, il est vrai, mais combien enchanteurs pour la jeunesse et l'inexpérience. Les voilà donc le Refuge béni, doucement subjuguées par les exemples édifiants des Sœurs de la Charité. Là, seule à seule avec sa conscience, prosternée devant Jésus-Hostie, chacune de ces élues du Seigneur sent surgir en son cœur juvénile le don divin de la vocation religieuse. Grâce encore à votre intervention puissante et efficace, Mesdames, elles se sont vu ouvrir les portes de plusieurs couvents où, après l'épreuve du noviciat, elles font profession solennelle d'appartenir au Seigneur. Désormais, elles sont mortes au monde et li-

cours académique de 1909-1910, au Séminaire de Madrid.

vrées tout entières à l'éducation des
enfants, au soulagement des vieillards,
au soin des malades, au secours des bles-
sés, versant partout, en un mot, un baume salutaire sur toutes les plaies de l'humanité si profondes et si purulentes soient
elles.

Serait-ce tout? Non, Mesdames. Il ne
vous suffit pas de remédier ainsi aux
deux crises sociales précitées, mais dans
la mesure encore restreinte qui vous est
permise à l'heure présente, vous résolvez
une troisième question humanitaire tout
aussi importante et épineuse que les pré-
cédentes; je veux parler de la crise du
salaire féminin. En procurant un travail
journalier et sûr à un certain nombre
d'ouvrières, vous les mettez à couvert
de bien des périls et vous leur fournissez
de multiples et immenses avantages qui
seront démontrés plus loin lorsque nous
parlerons du Syndicat féminin greffée
dans notre Association internationale.

Une œuvre importante et complète
comme celle de l'*Hospederia* nécessitait
donc un édifice particulier car les maisons de location même les plus spacieuses

et les mieux aménagées, ne peuvent per-
metre un développement suffisant à une
œuvre en voie d'acroissement. Or, cet
établissement avec toutes les conditions
désirables de confortable, d'espace, d'élé-
gance, de situation idéale, de position
centrale, sera bientôt une réalisation grâce
au zèle et à l'abnégation de Mme. la Marquise de la Mina et de Mlles. del Arco.

La pose solennelle de la première pierre
du grandiose édifice eût lieu le 11 Février
dernier. Cette inoubliable cérémonie fut
rehaussée par la présence de Nos Souve-
raines LL. MM. Doña Victoria et Doña
María Cristina dont les noms se trouvent
toujours unis en Espagne à tout bien,
toute grandeur et toute bonté. Assistaient
également LL. AA. RR. et Sérenissi-
mes Infantes Doña Isabel et Doña María
Teresa, la première en qualité de Présidente de l'Asociation international dont
elle est également l'âme et la vie par sa
généreuse protection, la deuxième en qualité de protectrice disposée à devenir pour
nous la puissante auxiliaire de demain
dans l'œuvre de l'émigration dont il sera
question plus loin. Citons encore parmi

les personnes présentes à la solennité, le
Comité patronant de l'*Hospederla* composé actuellement des dames distinguées
dont les noms suivent:

PRÉSIDENTE

S. E. Mme. la Marquise de la Mina.

VICE-PRÉSIDENTE

Mlle. María Luisa del Arco.

SECRÉTAIRE

S. E. Mme. la Marquise de la Vega de
Boecillo.

VICE-SECRÉTAIRE

S. E. Mme. la Marquise de Aguila
Real.

TRÉSORIÈRE

Mlle. María Rosa del Arco.

VICE-TRÉSORIÈRE

S. E. Mme. la Marquise de Nájera.

CONSEILLÈRES

S. E. Mme. la Duchesse de Montellano.

S. E. Mme. la Comtesse de Xiquena.
S. E. Mme. la Comtesse de Arcentales.
Mlle. Inés de Arteaga.
Mlle. María de Echarri.
Mlle. Pilar Mac-Crohon.

A cette élite s'unissait un public nombreux et choisi malgré le temps brumeux et froid.

La pierre artistement enguirlandée fut bénie par notre bien aimé Prélat Monseigneur José María Salvador y Barrera. On dit que la bénédiction d'un père porte toujours bonheur: celle de notre illustre Pasteur et Père sera donc un gage de prospérité pour l'Œuvre qui, modeste et humble dans son origine, à pris maintenant une extension considérable. A son ombre bienfaisante des milliers de jeunes isolées viendront s'abriter, comme les oiseaux du ciel vont se réfugier dans les branches de l'arbre gigantesque germé du petit grain de sénevé.

Mesdames, qui m'écoutez, voilà un exposé sommaire des fins de l'*Hospedería* du Patronage de Marie et de ses heureux résultats. Continuez, Mesdames, votre tâche miséricordieuse. Si un verre

d'eau froide donné à un pauvre au nom
de Jésus, ne reste pas sans récompense,
quelle ne sera pas la rémunération divine
pour les charités sans fin renfermées dans
votre œuvre admirable!

III

PROTECTION DES JEUNES FILLES ANGLAISES ET ALLEMANDES EN ESPAGNE

Il y a peu de temps, dans les premières heures d'une matinée, un jeune homme et une jeune fille, tous deux de nationalité anglaise, se présentèrent au bureau de notre Vicairie.

Ce fait en lui même n'a rien d'étonnant puisque vous savez que *El que no pasa por la calle de la Pasa no se casa* (Celui qui ne passe pas par la rue de la Pasa, où se trouve notre bureau, ne peut se marier). Journellement donc, la Vicairie est assiégée par les jeunes gens en *instance de mariage*. Je reçus avec empressement les nouveaux arrivants. Le jeune homme ne pouvait comprendre et parler que sa langue maternelle, mais la jeune fille qui paraissait avoir reçue une éducation soignée se chargea de me narrer leur idille.

Elle avait quitté son pays dans l'intention de venir à Madrid, en qualité d'institutrice, et de chercher une place dans quelque famille aristocratique; en chemin elle avait rencontré ce jeune homme, son compatriote, très correct et d'apparence sympathique. Tous deux s'étaient aimés et désiraient s'unir; mais le jeune anglais en question ignorait absolument les vérités de notre religion dans laquelle il voulait entrer. C'est alors qu'on lui avait indiqué mon adresse en lui disant que, connaissant la langue anglaise, je consentirais peut-être à l'instruire: ils me priaient donc de le faire comme une œuvre de charité et de miséricorde.

J'avoue que ce jeune homme m'inspirait un grand intérêt, j'acquiescat donc volontiers. Comme il était doué d'une intelligence vive et ouverte, peu de temps lui suffit pour connaître les principales vérités de notre religion. Nous allions donc délivrer le dossier opportun pour contracter le mariage, lorsque j'apprends tout à coup que notre insulaire était recherché par les tribunaux anglais pour quleques folies de jeunesse, voire même.

certain délit. Il se réembarque donc pour son pays, délaissant ici sa pauvre compagne. La voilà donc dans cette ville seule et sans aucun ressource, et ce qui est pire encore, dans des conditions imposibles pour trouver une place honorable. Grâce à l'aide de quelques personnes de bonne volonté, entre lesquelles le digne Consul d'Angleterre mérite une mention spéciale, elle put être réintegré à son domicile, échappant ainsi au péril imminent, de se perdre, étant donné sa jeunesse et la beauté dont Dieu l'avait favorisée.

Presqu'à la même époque, par une froide et pluvieuse soirée de décembre, une autre *miss*, très jeune et de physionomie agréable se présentait au couvent des *Reparadoras*, pleurant à chaudes larmes et en proie à une grande excitation nerveuse. Elle fut donc reçue par ces dignes Religieuses qui depuis longtemps se consacrent à la tache humanitaire d'accueillir avec charité et tendresse les jeunes anglaises catholiques de cette ville. Là, elle raconta à travers des sanglots, comment sa maîtresse venait de la renvoyer à l'instant même; inconnue à Madrid, parlant à peine l'espagnol, sans argent, la pauvre fille tremblait à la seule idée de se loger dans une auberge dans laquelle pouvait sombrer son honneur. Emues de pitié les *Reparadoras* lui procurèrent une hospitalité honorable, et bientôt après une place en rapport avec ses aptitudes. Grâce à leur devouement, nous évitâmes ainsi, dans notre cité, un nouveau cas de la traite des blanches, cas dont toute la responsabilité serait retombée en principe sur la personne sans conscience qui méttait ainsi sur le pavé cette pauvre jeune fille au mepris des devoirs les plus élémentaires de la justice sociale.

Après ces faits et bien d'autres analogues, que pouvions nous désirer, sinon une protection élficace pour les jeunes *misses*, dont le nombre, pour des raisons connues de tous, augmente chaque jour à Madrid?

Sans doute, notre *Hospederia* accueillait toutes celles qui venaient frapper à sa porte, mais cela ne pouvait donner entière satisfaction à ces jeunes filles. En

effet, es anglaises souhaitaient naturelle-
ment un *Home* anglais qui fut dans cette
ville un petit coin de la patrie dans lequel
elles puissent prendre un thé anglais,
célébrer des fêtes anglaises, lire des re-
vues et des journaux anglais, un *Home*
enfin dans lequel elles puissent mettre
pied à terre soit à leur arrivée en Espagne, soit dans les moments où elles se
trouvent sans place.

La réalisation de ce rêve ne se fit pas
longtemps attendre. Par bonheur pour
nous tous, le poste éminent d'Ambassadeur d'Angleterre était ocupé, comme
aujourd'hui encore par Sir Maurice de
Bunsen dont l'épouse est douée d'un gran
talent, d'un parfait esprit d'initiative,
d'un cœur charitable dans lequel toutes
les palpitations sociales de ses compatriotes ont leur écho et qui a sut se concilier
toutes les sympathies de l'Angleterre et
de l'Espagne. Lady de Bunsen fut donc
la personne placée sur notre chemin par
la Providence pour mener à bien cette
belle œuvre.

A cet effet Mme. l'Ambasadrice com-
muniqua ses projets à la Famille Royale,

près de laquelle elle trouva des le premier moment protection et encourage-
ment. Sans perdre de temps, elle adressa
alors aux dames les plus distinguées de la
Société anglaise la circulaire suivante,
aussitôt reproduite et popularisée par les
journaux les plus repandus en Grand
Bretagne.

PROPOSED HOME FOR BRITISH GOVERNESSES IN MADRID

An increasing number of English and
Irish girls, nearly all Catholic, come
yearly to Spain in search of positions as
governesses and nurses in Spanish fami-
lies. Hundreds of these girls are now in
Madrid and other parts of the country.
Many no doubt do well, but others go
adrift and have no home to go to when
unemployed. Moreover on arrival in
Spain the lack of any home or even
Registration Office to which they could
apply for shelter and advice is greatly
felt, and it is often the cause of the girls
lapsing into destitution or worse.

To meet this want, it is proposed to set
up a Home for Catholic English and Irish

girls in Madrid. A beginning will be made
on a very modest scale. It is proposed to
start with a flat with the essential accomodation, in charge of a Catholic English
lady directress, and to work in connection
with the «Société pour la Protection de
la Jeune Fille», an institution under high
patronage in Madrid which is already
doing good work.

Lady de Bunsen, wife of the British
Ambassador in Madrid is undertaking the
task of collecting funds and of herself
superintending the commencement of the
work, by selecting a suitable apartment,
starting a Register, and makin the new
Institution as widely known as possible.
She is autorised to state that Their Ma-
jesties The Queen of Spain, and Queen
Christina and Her Royal Highness the
Intanta Isabel sympathise entirely with
the object in view. Offers of support have
already been made in Madrid, including
that of the Vicar General, whose expe-
rience and advice will be of great value.

Subscriptions will be gratefully ack-
nowledged by Lady de Bunsen at the
British Embassy, Madrid, and.

The Countess of Deubigh

Newnham Paddox.

Sutterworth.

La haute société anglaise repondit immediatement à l'appel fait à sa charité par Lady de Bunsen admirablement secondée à Londres par les Comtes de Torre Díaz, et autres personnalités aristocrates. Adhesions et dons commencèrent à affluer à l'ambassade d'Angleterre et, le huit Avril dernier on put inaugurer solennellement l'*Home* dans une bonne maison située sur la petite place de San Bernardo et réunissant toutes les conditions d'hygiène et d'agrement. Voici le règlement de cet établissement, règlement bref et concis sans doute, mais d'une clarté et d'une precision irréprochables.

CATHOLIC ENGLISH HOME

APPLY THE DIRECTRESS

7, Glorieta de San Bernardo, piso 2.°
Registry Hours: 4 to 7, except sundays
and festivals

TERMS FOR BOARD AND LODGING

(3 BEDS)

		PESETAS		ENGLISH MONEY
Members	from	3 - 4	daily	2/3 to 3/-
Non Members		6	daily	4/6

The Club will be open on Saturdays and Sundays only from 3 to 7.

The sleeping accomodation at the Home is not for daily teachers residing in Madrid, but only for governesses and nurses who are temporarily in need of a home, or arriving fresh from abroad.

Ladies wishing to engage a governess must pay a Registry fee down of two pesetas and twelve pesetas more on being suited.

Ladies engaging a nurse must pay a Registry fee down of two pesetas and ten pesetas more on being suited.

Ladies paying a yearly suscription in support of the home of fifteen pesetas, need only pay a Registry fee down of two pesetas.

Governesses and nurses who wish situations found for them or to stay in the Home, must be members, paying five pesetas a year or one peseta 5o centimes a quarter and five pesetas and three pesetas more, respectively on finding a situation.

English and Spanish penny and half-penny stamps may be sent for reply to letters.

There will be only one table for meals and no distinctions made.

On Saturdays and Sundays the Club rooms are open from 3 to 7 to Associates and Members who may occasionally bring a catholic friend to tea. The name and address of each friend must be entered by her introducer in the Club Room Register.

La direction du *Home* a été confiée à l'Assemblée ci-dessous nommée.

COMMITTEE

Sir Maurice and Lady de Bunsen.
Excma. Sra. Marquesa de la Mina.
Ilmo. Sr. Doctor D. Javier Vales Failde,
 Provisor y Vicario general.
Excma. Sra. Condesa del Puerto.
Sra. Marquesa de Casa Torres.
S. E. Baronne Grenier.
Srta. Angela García Loygorri.
 —   Asunción García Loygorri.
 —   María Teresa Alcalá Galiano.
 —   Concepción Heredia.
Mr. Ernest Rennie, British Embassy.
 —   Arthur Jackson, British Consulate.
 —   Ernest Grimaud de Caux, British Con-
 sulate.

Permettez, mesdames, que j'attire quelques instants votre attention sur la discrétion et la prudence qu'ont présidé à l'élection du Comité.

Abstraction faite de ma pauvre et insignifiante personne et des membres de la colonie anglaise à qui revenait le droit de faire partie du Comité, beaucoup moins par leur nationalité que par leurs mérites connus de tous, nous voyons placé au premier rang le nom de Mme. la Marquise de la Mina. Cela nous indique de suite que cette œuvre est une branche, une affiliation de l'*Association catholique internationale des œuvres de protection de la jeune fille*. Nos voyons encore avec satisfaction dans ce Comité les infatigables et zelées demoiselles de Vistahermosa et Casa Valencia qui douées d'une grande charité pour ceux qui souffrent ont de plus, en ce cas, le très spécial avantage d'être filles d'anciens ambassadeurs d'Espagne en Angleterre. Ceci les a mis en conditions de parler fort bien l'anglais et d'étudier de près les necessités morales des jeunes naturelles de ce grand pays. Vient ensuite mademoiselle de Heredia qui aux qualités des jeunes filles précitées joint la particularité d'être issue de sang anglais. Enfin, nous trouvons en dernier lieu trois respectables dames, leurs mérites ne sont pas à établir et, pendant de longues années elles ont vécu en Grand Bretagne, ayant à leur service de jeunes anglaises, il est facile de conclure alors du haut profit que nous pourrons tirer de leurs conseils.

Avant d'exposer à votre considération les admirables fruits du *Home*, laissez moi—je vous prie—vous faire remarquer une autre circonstance d'intérêt capital.

Dans la Circulaire si bien rédigée de Lady de Bunsen, il est dit que l'*Home* fut créé pour les jeunes anglaises et irlandaises *catholiques*, notez-le bien, qui arrivent à Madrid. Pourquoi cela? Si une de ces jeunes anglaises était protestante et nécessitait aide et protection, ne pourrait elle être reçue?

La seule lecture de la circulaire si bien rédigée par Lady de Bunsen nous montrera ce que cette délimitation des jeunes anglaises catholiques a de simple en soi.

Une des fins principales du *Home* est d'en faire comme un Secrétariat où il soit facile d'entamer des pourparlers entre familles cherchant une *miss*, et *misses*, en quête d'une place. Or grâce à Dieu, toutes nos bonnes familles espagnoles étant foncièrement catholiques, serait il possible d'y faire entrer, comme venant du *Home* des personnes de croyances distinctes?

De plus, les jeunes filles anglaises venant en cette ville sont toutes ou presque toutes catholiques, pour la simple raison que celles qui ne le sont pas se placent plutôt en Allemagne et dans les pays du Nord.

Pour ces deux raisons d'une évidente justesse, ce fut une mesure sage et prudente de créer uniquement l'*Home* pour les anglaises catholiques. Voilà donc pourquoi il est dirigé par une catholique telle que Miss Daugton si connue dans la haute société madrilègne pour y avoir prêté ses services pendant de longues années; voilà pourquoi Mgr. l'Archévêque de Westminster approuvant fort la création du *Home* à Madrid lui donna de si grand cœur sa paternelle bénédiction. Voilà pourquoi enfin l'humble prêtre qui vous parle peut faire partie du Comité et y rendre quelques services, ce qu'il ne pourrait faire si le milieu n'était si évidemment catholique.

Donc, mesdames qui m'écoutez, si quelqu'une d'entre vous ou d'entre vos amies a besoin d'une gouvernante ou d'une institutrice anglaise, elle peut accourir en toute confiance vers l'*Home*. Celui-ci lui procurer a certainement une personne unissant à de fermes croyances les aptitudes en rapport avec ses fonctions. Et si, en même temps vous voulez accomplir plusieurs œuvres de miséricorde en une seule, inscrivez vous comme membres honoraires annuels du *Home* et Dieu vous le rendra avec usure.

De tout ce que nous venons de dire faut-il inferer cependant, que si une jeune anglaise non catholique venait en cette ville et sollicitait un secours quelconque, il lui serait refusé? Non certes, car le digne Ambassadeur d'Angleterre et son épouse dont la charité envers leurs compatriotes est au dessus de tout éloge, le lui procureraient aussitôt, mais en dehors du *Home*.

Les resultats obtenus par l'*Home* dans les quelques mois d'existence, ne peuvent être plus satisfaisants.

Chaque dimanche, un grand nombre de *miss* qu'habitent cette ville se réunissent dans l'*Home*, pour prendre le thé et lire des journaux ou des livres anglais. Elles ont également un jour de retraite mensuelle chez les Religieuses *Reparado-*

ras qui coopèrent avec un grand zèle à cette œuvre de charité.

L'*Home* a déjà placé six institutrices et six bonnes d'enfants. Il est à esperer que si les resultats ont eté si consolants jusqu'ici, ils ne feront que croître et se multiplier, à mesure que l'œuvre sera connue et aprecié à Madrid.

Parmi les innombrables rivières qui fecondent ma petite patrie tout en maintenant son climat agréable et son sol verdoyant, il en est deux principales; la rivière du *Miño*, et la rivière de l'*Ulla*. Ces deux cours d'eau, semblables à leurs embouchures par lesquelles ils précipitent dans la mer leurs ondes tumultueuses et bouillonantes, diffèrent cependant quant à leur naissance, d'une manière essentielle. En effet, les sources qui alimentent le premier laissent soupçonner son importance future, par leur nombre et l'abondance de leurs eaux. Le second, au contraire, à une origine si faible, si humble et silencieuse que pour qui le contemple vers la fin de son parcours, il semble impossible qu'un si petit ruisseau devienne le fleuve majestueux et fier roulant ses eaux à travers les plaines et les cités.

L'histoire de ces deux cours d'eau est aussi, dans un outre ordre d'idées, celle de beaucoup d'institutions sociales. Il en est dont les commencements sont si forts et si vigoureux qu'ils permettent d'entrevoir ce que seront les resultats et quand ceux·ci deviennet palpables, rien ne nous étonne humainement parlant, la conséquence a été en raison directe du principe. Mais, d'autres institutions, au contraire, ont une origine si modeste et si obscure que lorsque nous les voyons ensuite se développer et fleurir au sein de la société pour produire des fruits abondants, nous considérons alors ces institutions comme filles de la providence divine, toujours prête à intervenir là où manquent les moyens humains.

De cette deuxième catégorie d'institutions nous ne citerons qu'un exemple éloquent entre tous: celui *du Katholischen deutschen Erzieherinnenheims,* ou

Abri pour les Institutrices catholiques allemandes, récemment greffé sur le tronc vigoureux de notre Association internationale et de l'origine duquel je vais vous parler en même temps que de ses fins et resultats. Ainsi sera compléte la liste des Institutions de protection pour étrangères, que nous comptons à Madrid.

Il y aura bientôt douze ans qu'une jeune allemande catholique, Marie Wirtz vint en cette Ville pour se consacrer à l'éducation d'enfants nobles, ce que déjà elle avait fait à Berlin pendant plusieurs années.

Elle remplit donc les devoirs de sa carrière au grand contentement des familles jusqu'au moment ou abandonant la tâche d'éducatrix elle se borna à donner des leçons particulières.

Les mères de famille au service desquelles elle s'était trouvée et se trouve encore, ainsi que leurs amies, recouraient fréquemment à Mlle. Wirtz afin qu'elle leur procurât *Erziehrin, Kinderpflegerin, Kindermädchen,* etc., et c'est ainsi qu'elle arriva à établir une sorte de Secrétariat chargé de demander en Allemagne les personnes de service reclamées à Madrid.

Et, comme la gratitude est un des sentiments que relié et unit davantage les bons cœurs, il s'ensuivit que toutes ces jeunes allemandes formèrent avec mademoiselle Wirtz une espèce de solidarité morale dont celle-ci sut profiter habilement pour réunir ses protégées chaque dimanche soir. Toutes accouraient joyeuses et empressées à l'humble étage occupé alors par leur bienveillante amie, étage qu'elles baptisèrent bientôt en raison de son élévation, du nom significatif de *Taubenschlag* (Pigeonnier).

Déjà le nombre de ces jeunes filles, se réunissant ainsi dominicalement, s'élévait à une vingtaine, lorsqu'on pensa à chercher un autre local plus vaste et plus central. A cet effet, on loua en Janvier 1909 une maison site rue Salas n.º 5. Une chapelle publique se trouvait contigue à cette maison, avantage d'autant plus inapréciable, qu'appartenant à la même proprietaire, celle-ci la mit immediatement à la disposition des jeunes filles. L'immueble fut benit le 24 Fevrier de la même année et c'est ainsi que le nouveau Patronage allemand put se considérer comme définitivement constitué.

Les fins que se propose ce Patronage sont les suivantes:

1.º Recueillir toute jeune allemande, institutrice ou bonne d'enfants, munie de bons certificats, et lui donner l'hospitalité moyennant une modique retribution.

2.º Lui procurer une place dans une bonne famille catholique.

3.º Réunir toutes les associées aux jours fixés par le Règlement afin de leur donner instructions et bons conseils.

4.º Leur fournir gratuitement les livres de la bibliothèque installée à cet effet.

5.º Les adresser à un prêtre sachant la langue allemande pour leur direction spirituelle.

6.º Traiter toutes leurs affaires afin d'éviter qu'elles soient trompées.

Les résultats obtenus par cette institution d'existence si recente ont été presqu'au delà de nos esperances.

Chaque dimanche à once heures une messe est célébrée dans la Chapelle du

dit Patronage allemand qui en fournit
lui même la retribution. A la fin de la
messe, les jeunes filles chantent avec un
goût parfait plusieurs pieux cantiques.
L'après-midi, réunion nouvelle des Associées pendant laquelle on prend le café.
Cette réunion dominicale constitue une
grande œuvre de prévention sociale car
les soirées du dimanche sont les moments
les plus périlleux pour nos jeunes étrangères.

La bibliothèque de l'Association allemande compte déjà plus de cinq cents
volumes à la disposition de chaque asso-
ciée. Une de ces jeunes filles, aujourd'-
hui religieuse missionnaire, raconte dans
une lettre que j'ai lu moi-même, que
Dieu se servit comme moyen de cette
petite bibliothèque pour l'appeler à lu-
par le don céleste de la vocation religieuse.

Et en ces jours, pendant lesquels nous
célébrons si grandiosement le Congrès
eucharistique, le Patronage allemand
s'unit intimement à lui en organisant
pour le 29 une communion générale, pendant laquelle un éloquent prêtre de Co-

logne Herr Museler fera entendre sa parole.

Voici, mesdames, exposé d'une manière très sommaire ce que nous faisons en Espagne pour vos compatriotes. En retour, je vous prie, du plus profond de mon âme, de protéger aussi moralement nos jeunes espagnoles dans vos pays respectifs, avec le zèle et l'enthousiasme que déploient ici nos dames patronnesses.

Ce sera donner une preuve éloquente de solidarité sociale sous une forme nouvelle, mais si la forme est nouvelle, l'idée qu'elle renferme est une idée hautement chrétienne: c'est la fraternité universelle que notre Divin Redempteur est venu enseigner et pratiquer lui-même en ce monde.

IV

LES SYNDICATS CATHOLIQUES FEMENINES

L'homme est fait pour travailler comme l'oiseau pour voler (1) dit la Sainte Ecriture. Cette sentence, d'un poétique et d'une profondeur vraiment bibliques, trouve son application aussi chez la femme, depuis qu'unie à Adam, elle osa enfeindre le céleste mandat.

Et de fait, dans les premiers âges, quel travail servile et bas que celui de la femme ravalée au rang d'esclave! quel labeur dur et humiliant était le sien! Si plus tard sa condition s'ameliora, si ses occupations devinrent moins pénibles, elle subit toujours néanmoins, dans une large part, la loi du travail imposée à l'humanité sur le seuil du Paradis perdu.

---

(1) Job, v. 7.

Mais, depuis le Christianisme que ennoblit la mission feminine, ces travaux s'accomplisaient au foyer domestique ou tout au plus dans de petits ateliers, véritables prolongations de la famille, et c'est ainsi que la femme dans les moments libres non absorvés par ses devoirs de fille, d'épouse ou de mère faisait sortir de ses mains des ouvrages merveilleux: toiles de lin d'une exquise finesse, dentelles vaporeuses comme un nuage d'avril, broderies superbes, véritables chefs d'œuvre de patience et de goût, auxquelles leurs teintes surannées ajoutent maintenant une beauté nouvelle, en un mot tous ces travaux d'art et de persévérance plutôt que d'énergie musculaire, qui dans vos demeures aristocratiques, se transmettent de géneration en génération comme d'inappréciables et vénérées reliques.

Voilà pourquoi, lorsque là-bas, dans mes montagnes de Galice, je palpe ces fins tissus de lin que les doigts fuselés de nos bonnes aïeules filèrent sur le rouet rustique, ou quand, à la Chapelle de nos Rois très pieux, je revets les ornements dits *de las perlas*, sur lesquels des mains féminines habiles et délicates, peignièrent plutôt que brodèrent de vraies merveilles d'un naturel et d'une vie inimitables, je me prends à regretter, ce bon vieux temps, moins riche peut être en commodités materielles, mais à coup sur moins fecond en nécessités, ce temps ou l'on vivait moins vite, ou le contentement et le bonheur se savouraient à l'aise parce que chaque femme copiait dans elle même le portrait de la femme forte, tel que l'Esprit Saint l'a tracé au livre des Proverbes: «elle a cherché la laine et le lin, et elle les a travaillés avec des mains sages et ingenieuses; elle s'est levée avant le jour; elle a partagé le travail et la nourriture à ses domestiques; elle a mis la main à des choses fortes, et ses doigts ont pris le fuseau.»

Mais alors vint le xix siècle et ce travail facile et sédentaire de la femme cessa brusquement pour faire place à un autre. Et ce travail que nous pouvons appeler *anormal* et *antisocial*, dans lequel, grâce à la mecanique, à la libre compétence, à la loi du moindre effort qui est en définitif le *leit motiv* de l'Economie sociale, et surtout malheureusement, à cause de l'obscurcissement des vérités catholiques dans une foule de consciences, dans lequel, dis-je, la femme se voit obligée de s'enrôler, c'est-à-dire de quitter son intérieur pour s'enfermer dans les grandes fabriques ou les ateliers immenses, afin de concourir avec l'homme dans cette lutte acharnée de la vie salariée, lutte que devient chaque jour plus intense, plus brutale et plus sanglante.

Et qu'on n'aille pas dire, avec certains économistes que la femme réintegre l'*Home* qu'elle n'aurait jamais dû abandonner, par le moyen trompeur de l'implantation de ce même travail à domicile, parce que, ce genre de travail, entraine par sa nature même ses funestes resultats partout après lui: insuffisance du salaire, durée excessive du labeur, alimentation défectueuse, promiscuité fréquente, infracction à l'hygiène par manque de contrôle médical des locaux, en un mot toutes les horreurs qui obligèrent les anglais à qualifier ce travail moderne du titre de *sweating system*.

Il n'existe qu'un moyen expédient en
Economie Sociale pour que la femme,
tout au moins la femme mariée, revienne
occuper à son foyer le poste à elle as-
signé par le christianisme et dont la dé-
sertion fait expérimenter aujourd'hui à
la société les déplorables effets si élo-
quentement exposés par Jules Simon
dans *L'Ouvrière* (1). Ce moyen expédient

(1) Autrefois l'ouvrier était une force intelligente il n'est plus aujourd'hui qu'une intelligence qui dirige une force. La conséquence im-
mediate de cette transformation a été de rempla-
cer presque partout les hommes par des femmes,
en vertu de la loi de l'industrie, qui la pousse à
produire beaucoup avec peu d'argent, et de la loi
des salaires, qui les rabaisse incessamment au
niveau des besoins du travailleur. On se rappelle
les éloquentes invectives de Mr. Michelet: *«L'ouvrière!* mot impie, sordide, qu'aucune langue
n'eut jamais, qu'aucun temps n'aurait compris
avant cet âge de fer, et qui balancerait à lui seul
tous nos prétendus progrès!» Si on gemit sur
l'introduction des femmes dans les manufactures,
ce n'est pas que leur condition matérielle y soit
très mauvaise. Il y a très-peu d'ateliers délétères,
et trés-peu de fonctions fatigantes dans les ateliers,
au moins pour les femmes. Une soigneuse de cor-
derie n'a d'autre tâche que de surveiller la mar-

est l'implantation du *salaire familial.*
Mais dira·t·on le salaire familial n'est pas
reclamé par la justice—ceci est fort dou-

----

che de la corde et de rattacher de temps en
temps un fil brisé. La salle où elle travaille, com-
parée à son domicile, est un sejour agréable, par
la bonne aération, la propreté, la gaieté. Elle
reçoit des salaires élevés, ou tout au moins
très supérieurs à ceux que lui faisaient gagner
autrefois la couture et la broderie. Où donc est le
mal? C'est que la femme, devenue ouvrière, n'est
plus une femme. Au lieu de cette vie cachée,
abritée, pudique, entourée de chères affections, et
qui est si nécesaire à son bonheur et au nôtre
même, par une conséquence indirecte, mais inévitable, elle vit sous la domination d'un contre-
maître, au milieu de compagnes d'une moralité
douteuse, en contact perpetuel avec des hommes,
separée de son mari et de ses enfants. Dans un
ménage d'ouvriers, le père, la mère, sont absents,
chacun de leur côté, quatorze heures par jour.
Donc il n'y a plus de famille. La mère, qui ne
peut plus allaiter son enfant, l'abandonne à une
nourrice mal payée, souvent même à une gar-
deuse qui le nourrit de quelques soupes. De là,
une mortalité effrayante, des habitudes morbides
parmi les enfants qui survivent, une dégénéres-
cence croissante de la race, l'absence complète
d'éducation morale. Les enfants de trois ou quatre ans errent au hasard dans des ruelles fétides,

teux—j'ajouterait même: il est exigé par.
l'équité, cette vertu divine qui adoucie
et aplanit toutes les asperités sociales.

---

poursuivis par la faim et le froid. Quand, à sept
heures du soir, le père, la mère et les enfants se
retrouvent dans l'unique chambre qui leur sert
d'asile, le père et la mère fatigués par le travail et
les enfants par le vagabondage, qu'y a-t-il de
prêt pour les recevoir? La chambre a été vide
toute la journée; personne n'a vaqué aux soins
les plus élémentaires de la propreté; le foyer est
mort; la mère épuisée n'a pas la force de pré-
parer des aliments; tous les véféments tombent
en lambeaux; voilà la famille telle que les manufactures nous l'ont faite. Il ne faut pas trop
s'étonner si le père, au sortir de l'atelier où sa
fatigue est quelquefois extrême, rentre avec dé-
goût dans cette chambre étroite, malpropre, pri-
vée d'air, où l'attendent un repas mal préparé,
des enfants à demi sauvages, une femme qui lui
est devenue presqu'étrangère puisqu'elle n'ha-
bite plus la maison et n'y rentre que pour prendre à la hâte un peu de repos entre deux journées
de travail. S'il cède aux séductions du cabaret,
ses profits s'y engouffrent, sa santé s'y détruit;
et le resultat produit est celui-ci, qu'on croisant
à peine possible: le pauperisme, au milieu d'une
industrie qui prospère.

Jules Simon: *L'Ouvrière*, préface. Deuxième,
edition. Paris, 1861.

Le salaire, en effet, pour être juste, doit être suffisant pour subvenir aux nécessités d'un ouvrier sobre et rangé.

Mais cet ouvrier lui même a besoin d'une compagne fidèle et affectueuse —j'emprunte ici le langage poétique du P. Van Tricht parlant à un auditoire semblable à celui-ci — qui lui ouvre les bras au retour du travail, qui par ses paroles d'amour verse dans son cœur les douceurs régénératrices de la tendresse, une femme prudente et sage qui le conseille dans ses résolutions et l'éclaire dans ces doutes, une femme qui soit pour son mari un ange gardien, un ange de paix dans les moments difficiles, dans les tentations de cupidité ou d'insubordination, une épouse aimante et forte qui puisse reléver, consoler, réjouir son époux et lui communiquer le courage qui parfois lui fait défaut.

Malhereusement, nous sommes encore bien loin de la réalisation de ce moyen, contre lequel des ennemis acharnés, individualistes et socialistes, unissent leurs forces pour le combattre. En attendant, l'ouvrière et surtout l'ouvrière célibataire, se voit obligée de fréquenter pour gagner son pain la fabrique ou l'atelier. Voilà pourquoi c'est un devoir pour tous les économistes, pour vous mesdames, de faire en sorte que le travail féminin s'effectue dans les meilleures conditions possibles. Et ces conditions les voici: 1.º, que la femme ne travaille pas un nombre d'heures excessif, et que ce travail soit interrompu par le repos nécessaire à la réparation des forces musculaires dépensées; 2.º, que le salaire soit juste; 3.º, que le repos dominical soit scrupuleusement observé; 4.º, que toutes les lois de morale et d'hygiène soient suivies à la fabrique ou à l'atelier; 5.º, que le chômage soit évité autant que possible; 6.º, enfin que si la vieillesse, la maladie, l'accident interrompent ou arrêtent le travail de l'ouvrière et la mettent dans l'impossibilité de gagner son pain, des messures efficaces soient prises pour écarter la misère de sa demeure.

Un grand pas a déjà été accompli dans ce sens, grâce à notre législation ouvrière que je n'hésite pas à déclarer la plus parfaite et la plus complète du monde entier;

mais il nous reste à attendre davantage encore de la constitution de nombreux et forts Sindicats féminins. Il est entendu ici par syndicat l'association d'ouvrières ou d'ouvrières et de patronnes appartenant à une branche quelconque d'industrie, avec la fin d'étudier, de défendre, proteger et accroître les intérêts économiques et industriels des associées.

Cela parait sans doute tâche facile et simple que la formation de ces associations et cependant, vouloir en arriver à la réalisation pratique, c'est se heurter à des difficultés presque sans nombre.

Le soci͏̈ologue français si connu, l'abbé Meny disait à ce sujet: «On à parlé beaucoup de la solution syndicale; on a essayé, on a tenté plutôt, de syndiquer les ouvrières, mais en fait, ces syndicats n'existent guère.»

Au début de leur enquête officielle, les rapporteurs racontent que quand'ils se sont adressés aux differents syndicats de la Bourse du Travail, syndicats de femmes, pour avoir d'eux des listes d'ouvrières travaillant à domicile, qu'ils puissent interroger, on n'a pas pu leur donner un seul nom. Et Mlle. Blondelu, de qui je viens de recevoir une lettre encore hier soir, qui est, membre du Conseil supérieur du Travail et secrétaire du syndicat des Fleuristes de la Bourse du Travail, m'a dit bien des fois que l'esprit syndical chez la femme était encore à l'heure actuelle trés peu developpé. Il n'existe pour ainsi dire chez la femme travaillant à domicile, parce que son isolement, la différence des milieux auxquels elle appartient, la longueur de ses journées de travail, ne lui permettent guère un essai de vie syndicale.»

«Et puis ces syndicats seront particulièrement difficiles à etablir, parce que nous savons la grande surabondance de demandes par rapport aux offres de travail (1).

Plus recemment encore, un autre économiste catholique non moins célèbre mais moins pessimiste que le précédent affirmait dans *La semaine sociale de Fribourg,* que les syndicats professionels

---

(1) *Semaine Sociale de France.* VI session. Bordeaux; pág. 269. 1909.

ont encore une grande tâche à remplir avant d'être un instrument parfait. Ce travail intérieur s'accomplit et s'élabore lentement au milieu des dificultés et des luttes de toutes sortes (1).

Et Max Turmann lui même, si optimiste d'ordinaire, ne craint pas d'assurer que presque partout on constate la quasi abstention de l'élément féminin dans le mouvement des organisations professionelles.

Donc, si dans des Nations si avancées au point de vue économique social, l'établissement des syndicats féminins constitue une œuvre si difficulteuse, que sera-ce dans notre Espagne ou l'action sociale catholique et plus spécialement l'action féminine est très moderne et jeune encore?

Est cependant grâce à Dieu, dispensateur de tout bien, grâce au zèle de son distinguée ministre Monseigneur Santander, grâce à l'abnegation de notre digne Secrétaire Mlle. del Arco, et à l'admirable

____

(1) Joos: *Semaine Sociale:* Fribourg, 1910; dág. 215.

discipline de nos jeunes ouvrières, nous possedons aujourd'hui à Madrid, comme branche de notre Association internationale un florissant syndicat féminin: je veux parler du *Sindicato obrero femenino de la Inmaculada.*

Comme nous le disions plus haut, ce Syndicat fut fondé au mois d'Octobre 1909, avec le caractère mixte, pour les ouvrières qui travaillent en diverses branches de la confection: couturières, modistes, corsetières, brodeuses et autres professions analogues.

Les conditions indispensables pour l'admision sont: l'âge de seize ans au moins; al présentation au Syndicat par deux membres y appartenant déjà; l'entrée dans une Congrégation d'enfants de Marie, si l'ouvrière est celibataire: être ouvrière habile au jugement du comité, et enfin payer la cotisation annuelle de 5,20 francos.

Ce Syndicat étant mixte, les patronnes y sont également admissibles. On comprend sous ce titre les propriétaires de fabrique ou de magasins, les maîtreses d'ateliers, directrices d'ouvroirs et en général toutes

celles qui contribuent au soutien du Syndicat par la cote annuelle de 6 frs. Les
patronnes s'engagent de plus à ne pas
travailler et à ne pas faire travailler les
dimanches et jours de fête, à supprimer
le travail de nuit sauf dans des cas urgents
et avec l'assentiment de la Présidente du
Syndicat, à empêcher dans les ateliers ou
fabriques toute atteinte à la morale et aux
bonnes manières.

Et patronnes et ouvrières s'efforceront
ensemble de créer des institutions de pré-
voyance et de secours mutuels, d'enseignement professionel, de placement pour
les bonnes ouvrières sans travail, des institutions qui, en un mot, tendent à l'ame-
lioration materielle du sort des associées.

Bien récente encore est la fondation du
Syndicat, et cependant il a réalisè, sur
une échelle plus ou moins grande, la majeure partie de ses fins.

Il compte actuellement *quatre cents
deux membres* inscrits, repartis en six
corps d'ouvrières: brodeuses, couturières,
modistes, professions variées. Celui des
couturières, le plus nombreux compte a
lui seul *cent douze* ouvrières.

Une *caisse d'épargne* a été créé dans le Syndicat pour garder et faire fructifier les économies de ses membres, et comme corollaire de cette caisse d'épargne on a également établi une *Cooperative de vente* de fil, coton, aiguilles et objets necessaires au travail de la femme. Les bénéfices retirés de cette vente reçoivent la distribution suivante. Le *dix pour cent* comme fonds de réserve lequel constituera peu à peu le capital net de la caisse d'épargne; un *cinq pour cent* pour œuvres de propagande; un *cinq pour cent* pour la retribution des personnes employées dans les bureaux et le payement de leurs dépenses matérielles; le *soixante pour cent* pour intérêts du capital placé et le *vingt pour cent* restant au prorata des achats que haccune des intéresées dans le placement aurait réalisées.

Bien que le fonctionnement de la Caisse de épargne soit si recent et de la Coopérative On à déjà placé à la première *six cent vingt deux francs*, avec repartition du *cinq pour cent* de bénéfices. La Cooperative a realisé de son côté pour plus de *neuf cent francs* d'opérations.

Le Syndicat possède de plus une *Bourse de travail*, fonctionnant regulièrement et qui a déjà satisfait à plus de *deux cents* petitions commissions l'année dernière, une *Œuvre de vacances* qui, comme son nom l'indique, procure aux ouvrières malades les moyens de passer quelque temps de convalescence à la campagne ou au bord de la mer: douze ouvrières ont déjà profité cette année de ce bienfait et trente quatre en jouiront cet'été.

Des secours sont également distribués aux associées malades à raison d'un franc par jour durant le premier mois de maladie et cinquante centimes pendant le mois suivant. Si la maladie continue, le Comité statuera sur l'opportunité d'une prolongation de secours pendant un troisième mois. Passé ce temps, des démarches seront faites pour inscrire la malade dans quelque établissement destiné aux incurables. Les associées qui, pour raison de maladie, désirent recevoir le secours offert doivent en aviser le yndicat. Par le seul fait de cet avis elles acceptent les conditions suivantes:

1.º Se prêter aux éxamens et analises jugées nécessaires par le médecin du Syndicat.

2.º Accomplir les prescriptions de ce même docteur en ce qui concerne l'hygiène, les médicaments et l'alimentation.

3.º Etre disposée à recevoir, après quatre jours de sérieuse maladie les sacrements de Pénitence et d'Eucharistie et si besoin est, le sacrement d'Extrême-Onction en temps opportun.

Enfin, le Syndicat, comme dernière œuvre soutient des classes du soir embrassant de multiples matières parmi lesquelles la coupe et la langue française sont les plus recherchées.

Voilà donc, mesdames, resumé en quelques mots ce que représente et signifie le *Sindicato Católico de la Inmaculada*. Bientôt, grâce à l'action paroissale si sage et si digne d'éloges de notre bien aimé Prélat Mons. Salvador et Barrera, un deuxième syndicat va être fondé, et aura pour base l'action social, au sein de la populeuse paroisse de *Santa Bárbara*, et, pour arriver à ce but, le digne curé de la dite paroisse l'abbé Ruiz

Montejo déploie en ce moment toutes les activités de son zèle.

Pour vous, mesdames, dans cette œuvre des Syndicats, votre pouvoir est grand, mais de quelle manière l'exercerez vous?

Vous d'abord, qui habitez en cette ville, en aidant les syndicats par vos souscriptions généreuses et mieux encore, en procurant du travail aux ouvrières associées: ce sera la plus grande et la meilleure de vos œuvres de bienfaisance.

Quant à vous, nobles étrangères qui nous honorez aujourd'hui de votre présence, vous contribuerez à cette œuvre en établissant une solidarité indestructible entre nos syndicats espagnols et les fondations similaires de pays, afin que l'action syndicale s'internationalise peu à peu.

Enfin, je m'adresse à vous, très dignes représentantes des comités provinciaux, pour vous dire: Organisez dans les capitales de vos provinces respectives des syndicats féminins catoliques semblables à celui de l'Immaculée et recommandez à notre œuvre les jeunes filles qui viendront de vos regions en cette ville, mues par l'impulsion de l'éxode rural, triste depleupleur de nos campagnes.

Je sais bien que quelques-uns vous diront: «Les Syndicats ont été créés pour éviter les grêves et les femmes ne savent pas et ne veulent se servir de cette arme juste quelquefois, mais toujours si formidable de défense social.» Repondez leur que maintenant les femmes elles aussi déclarent la grêve: nous en avons une preuve toute récente dans la grêve féminine de New York qui n'a pas compté moins de *trente cinq mille* jeunes adeptés, soutenues dans leurs revendicatiosn par les membres du Colony Club, les riches dames yankees et les étudiants, elles ont triomphé de leurs patrons, créant pour ce motif les curieux *lebels* ou marques imposées aux produits de manufacture confectionnés dans les conditions de salaire, d'heures de travail, etc., fixées par la grêve.

D'autres vous diront: «Les Syndicats servent d'antidote contre le socialisme dont la doctrine subtile et pernicieuse ne pénètre pas encore dans le cœur des femmes.»

A ceux que font cette objection, vous pouvez dire que, malheureusement le socialisme avance de jour en jour dans les files féminines. En Allemagne, il existait en 1909 *vingt-neuf mille quatre cents cinquante huit femmes socialistes* et un an après, c'est-à-dire en Septembre dernier *soixante deux mille deux cent cinquante neuf!!!* Le journal socialiste *Die Gleichheit* compte *soixante dix sept mille abonnées*, chiffre que n'atteint à beaucoup près, aucun des journaux catholiques de notre Ville.

En dernier lieu, et je terminerai ainsi cette étude, déjà longue sur les Syndicats, il ne manquera pas de rigoristes pour tenter de vous détourner de cette action sociale en vous disant: Ces œuvres syndicales ne sont pas choses de votre sexe ni de votre rang, elles ont une teinte de modernisme assez prononcée, et les dames espagnoles ont suffisamment à faire avec les institutions de charité traditionnelles à Madrid.

A cet argument trop repandu vous repondrez: Au point de vue ecclésiastique deux autorités seules ont mission et pouvoir de nous indiquer le chemin à suivre: l'autorité pontificale et l'autorité diocesaine. Or toutes deux nous excitent à travailler en faveur des Syndicats. Du Saint Siège émanent les paroles suivantes tombées des lèvres de Pie X lui même: «Les institutions connues sous le nom d'*Unions professionnelles* nous paraissent très opportunes, nous vous recommandons de nouveau, avec une insistance particulière de veiller soigneusement à leur formation et à leur fonctionnement régulier (1).»

A son tour, l'autorité diocesaine représentée par Mgr. Salvador y Barrera, chercheur zélé et infatigable d'une solution chrétienne à la question sociale, vous dit, mesdames, que votre intervention est plausible. Voilà pourquoi, il daigna non seulement approuver le Règlement du Syndicat de l'Immaculée, mais encore présider en personne la première de ses réunions dans le *Centro de Defensa Social*.

---

(1) Pie X au Directoire de l'Union économico-sociale d'Italie.

En avant donc, mesdames, et pour que ces œuvres catholiques sociales produisent des fruits de grâce et de gloire, regardez le Ciel.

«Si le Seigneur—disait éloquemment S. E. le Cardinal Andrieux à l'inauguration de la Semaine sociale de Bordeaux—si le Seigneur ne bâtit pas la maison, dit le psalmiste, ceux qui la bâtissent travaillent en vain. Si le Seigneur ne garde pas la cité, ceux qui la gardent exercent une surveillance inutile. D'ou je conclus que, sans la Religion, le problème social demeure insoluble. Il n'y a que Dieu qui puisse donner aux hommes les lumières et les énergies dont ils ont besoin pour pratiquer en dépit des égoïsmes d'en haut et des convoitises d'en bas, les deux vertus qui resument et resumiront toujours les devoirs de la vie sociale: la justice et la charité.»

LES PATRONAGES DE JEUNES FILLES

De nombreuses raisons d'ordre religieux, domestique, intellectuel et même
physiologique exigeaent de concert et
avec une intensité croissante la réappari-
tion du *Repos dominical* si malheureusement rayé de nos coutumes par l'individualisme contemporain.

L'Etat espagnol se faisant, pour cette
cause, l'echo des justes reclamations du
proletaire et suivant en cela la conduite
des Nations progressantes, promulgua le
3 Mars 1904 la loi dite du *Descanso dominical*. En vertu de cette loi, prohibition
absolue était faite le dimanche de tout
travail matériel dans les fabriques, ateliers, magasins, commerces fixes ou
ambulants, établissements et services
dépendants de l'Etat, de la Province,
de la Municipalité, et occupations analo-

gues aux ci-dessus mentionnées. Etaient
seuls en dehors de cette prohibition,
les travaux non susceptibles d'interruption par la nature des nécessités qu'ils
satisfont, pour motif de caractère techni-
que, ou pour raison, de grave préjudice
à éviter à l'intérêt public et à l'industrie;
les travaux d'entretien ou de réparation
indispensables pour ne pas suivre aux
tâches de la semaine dans les établissements industriels: les travaux qui se pré-
sentent éventuellement soit par l'immi-
nence d'un danger à conjurer, soit par
accidents ou autres causes fortuites. Et
même, lorsque, par la force majeure de
ces exceptions il est nécessaire de travailler les dimanches et jours de fête, un
temps suffisant doit être toujours accordé
pour permettre l'accomplissement des
devoirs religieux de tous et de chacun.

Mais, voici à ce sujet une judicieuse
remarque faite par notre très digne Prélat Mgr. Salvador y Barrera, dans une
notable lettre pastorale publiée peu de
temps après la promulgation de cette loi,
alors que Sa Grandeur était encore Evêque de Tarazona: «Dieu n'ordonna pas

—dit-il—le repos du corps par l'abstention de toute œuvre servile le dimanche, à la seule fin de reparer les forces dépensées au cours de la semaine, mais Il nous prescrit aussi et surtout de nourrir notre esprit 'ans l s effusions d'ivines de l'oraison, de fortifier notre âme par les puissantes énergies de la grâce. Le nouveau *Descanso dominical* sans outre fin qu'une détente physique laissant incomplet le précepte du Seigneur, serait une oisivité vaine, un repos stérile pour la partie la plus noble et la plus excellente de l'être humain, précisément ce que Dieu voulut éviter, en nous ordonnant de faire des œuvres pies le dimanche. De là vient que la partie négative du précepte est suivie de la partie positive nous indiquant les moyens à employer pour sanctifier le jour du Seigneur (1).»

Mais, malheureusement pour elles, chez

______

(1) Carta pastoral que el Excmo. é Ilmo. señor D. José María Salvador y Barrera, Obispo de Tarazona y Administrador apostólico de Tudela, dirige al clero y fieles de sus amadas diócesis acerca del Descanso Dominical, págs. 27-28. Tarazona, 1905.

beaucoup de jeunes ouvrières la loi divine est lettre morte. Elles se reposent oui, sans doute! mais non seulement elles ne remplissent pas leurs devoirs religieux, mais encore elles s'exposen, à des chutes lamentables et fréquentes, en se mettant dans l'occasion prochaine ou en péril imminent de se perdre. Les théâtres, et cinématographes immo-aux, les l ctures légèr s et passionnées sinon obscènes, les mauvaises compagnies, le langage tavernier employé par les jeunes gens, même les soi-disant bien élévés au passage des ouvrières et les bals du dimanche pires encore que ces autres magistralement décrits par l'académicien P. Coloma, lesqu ls constituent *brillantes centros de prostitución moral, en que no se prostituyen los cuerpos, porque no se puede, pero se prostituyen las almas con el deseo;* et dans lesquelles sont les jeunes filles *materia inconsciente, que sirve de pasto á la liviandad de los galanes, pobres ángeles, que juegan con el infame que en su interior mancilla su pureza, con la misma candidez, con que jugaría un niño con la serpiente venenosa que*

mansamente le halaga (1); tout ceci cons-
tituen autants d'engins formidables contre la sanctification du dimanche, autant
de ruses employées par l'enfer pour ali-
menter l'infame «traite des blanches»,
plus redoutable que la traite des noires,
cette dernière ne trafiquant que les corps
et l'autre trafiquant les corps et les âmes.

En général, cependant, c'est plutôt
ignorance que malice si l'ouvrière néglige
ses obligations de chrétienne et ne retire
pas ainsi du saint jour le profit moral
qu'elle devrait.

Quelque fois, pour gagner un misérable
salaire, la malheureuse a été placée à la
fabrique, sans savoir ni lire, ni écrire, sans
jamais avoir entendu parler de Dieu,
sans même que ces forces physiques
aient atteint un développement suffisant.
Les parents égoïstes et ignorants comme
le disait si bien Léon XIII oublient que
leur fille se verra flétrie ainsi qu'une
herbe tendre par un travail trop précoce
et c'en sera fait de son éducation (2).

---

(1) *La Gorriona,* págs. 32-33, séptima edición.
Bilbao.

(2) Encyclique *Rerum Novarum.*

D'autres fois, les jeunes filles ont fréquenté l'école, mais trop peu de temps pour mener à bien une éducation religieuse et morale si élémentaire fut elle; et comme elles ne peuvent la parfaire du sein de la famille, étant donnée la désorganisation de cette première cellule sociale dans les bas fonds du monde contemporain, il en résulte fréquemment comme dit Armand de Melun que «beaucoup se placent au hasard, sans aucune garantie pour leur avenir, beaucoup perdent leur âme et leur corps, au contact impur des ateliers et des manufactures, et pour l'apprentissage du vice avec celui de leur profession; et si une main tutelaire les avait soutenues dans ces moments difficiles, si une parole affectueuse leur avait été dite dans leurs heures de découragement et d'ennui, que de premières fautes auraient été épargnées, suivies trop souvent d'une chute profonde et d'un amer repentir (1).»

Pour toutes ces raisons, il devenait ab-

---

(1) Max Turmann: *Au sortir de l'école. Les patronnages,* pag. 108. Paris, 1901.

solument nécessaire de fonder une nouvelle institution catholico-sociale aux trois
suivantes fins:

1. Réunir et distraire les dimanches et
jours feriés, les jeunes ouvrières afin de
les arracher aux dangers précités.

2. Profiter de ces mêmes jours pour
leur donner instruction et éducation chrétiennes.

3. Exercer sur elles une mission tutelaire suppleant celle de la famille.

Et cette triple fin bienfaisante et essentiellement protectrice vis à vis de la jeune
fille, l'Espagne l'atteint à merveille, par
le moyen de la *Real Asociación de las
Escuelas dominicales.*

C'est déjà à plus de cinquante ans en
arrière, c'est à dire en mil huit cent cinquante sept que nous devons nous ré-
porter pour ce qui concerne la fondation
de cette œuvre. Et le Vénérable Protec-
teur de l'Eglise universelle ayant été
choisi pour son Patron l'inauguration de
la *Escuela dominical de San José,* fut solennellement célébrée le jour de la fête de
ce glorieux saint 19 Mars de la même
année.

Dans peu d'institutions sociales la consolante parabole du grain de sénevé que nous avons déjà rappelée plus haut, trouverait mieux son application que dans celle-ci. Cette graine dit le divin Prédicateur, est à la vérité la plus petite des graines, mais des qu'elle a cru elle domine toutes les autres plantes: c'est un arbre. Il étend si loin ses rameaux que les oiseaux du ciel viennent se repposer sous son ombre (1). Ainsi en a-t-il été pour la *Real Asociación de las Escuelas dominicales*, petite et humble à son principe. Dieu lui permit un tel développement qu'en peu d'années elle prit son extension dans toute l'Espagne et jusqu'en Amérique. Aujourd'hui, il n'y a ville ni bourg en notre patrie qui ne possède son *Escuela dominical*. D'après la dernière statistique, plus de *cent mill* jeunes filles ont reçu et reçoivent encore les avantages de toute une éducation ou d'un complement d'éducation dans ces patronages bienfaisants.

Les *Escuelas dominicales* ont pour ob-

---

(1) St. Math., XIII, 31-32

jet de réunir pendant les après-midi des jours de fête, les jeunes filles de douze ans et au dessus qui le désirent et cela, pour leur inculquer des principes solidement chrétiens d'instruction et d'éducation. Cette instruction est donnée par des dames lesquelles se divisent en deux groupes: 1.°, *socias de número* qui s'occupent personnellement de la formation des élèves et procurent en même temps les subsides nécessaires au soutien des écoles. 2.°, *socias instructoras* qui prêtent seulement le service personnel de l'instruction. Une maîtresse normale rétribuée est en autre attachée au service de chaque établissement pour l'enseignement supérieur des élèves.

Les classes durent ordinairement trois ou quatre heures. Chaque année, les résultats obtenus sont controlés au moyen d'examens généraux à l'issue desqu'ils on distribué des *prix d'assistance* à titre de recompenses. Ces prix consistent d'ordinaire en vêtements. De plus, dans la section supérieure de l'Ecole, une dot de cent ving cinq francs est decernée à l'élève la plus ancienne si elle a toujours gardé une bonne conduite religieuse et morale. Une autre dot est tirée au sort entre chaque groupe de cinq élèves comptant quatre années d'appartenance à l'école, sans note défavorable. Ces dots sont remises aux favorisées le jour ou elles se fixent dans un état de vie; si cet état est la profession religieuse le montant de la dot peut-être augmenté jusqu'à un maximum de deux cent cinquante francs.

En résumé, les *Escuelas dominicales* de notre pays constituent comme les Patronages français, les *Meisjes patronaats* allemands, comme les anglais, une œuvre de formation, de préservation et de persévérance aux fruits abondants et durables.

Il est aise de comprendre comment cette Association s'affilia à la notre: du reste, la chose nous est clairement démontrée par le fait même que sa pieuse et active Présidente Générale Mme. Louise Recarte, est membre de droit de notre Comité Nationale. Il était naturel, logique même que la *Real Asociación de las Escuelas dominicales*, sans perdre son indépendance, s'enchassât, malgré son ancienneté relative, dans les œuvres catholiques de protection pour les jeunes filles.

Maintenant, Mesdames, qu'il me soit permis d'imiter, ne fut ce que de loin, l'illustre Max Turmann, notre confrère fribourgeois. Celui-ci, en effet, dans son livre intitulé *Au sortir de l'école*, termine le chapitre consacré aux patronages de jeunes filles par une magnifique monographie du *Patronage de Saint Joseph de Plaisance*. Heureuse tactique littéraire qui fait toucher du doigt mieux que tout autre argument les effets de l'application persévérante et progressive d'une méthode raisonnée. A son éxemple, je terminerai donc ce chapitre en exposant à grandes lignes l'organisation et les résultats de la *Escuela dominical del Sagrado Corazón de Jesús* à Madrid; c'est une œuvre parfaite en son genre, me semble-t-il et je puis en parler en connaissance de cause puisque malgré mon indignité, et depuis mon ordination sacerdotale je la dirige ayant pour colaborateur actuel dans cette tâche le très digne et active chanoine Mgr. Fernández Limones.

Au cours des Conférences célébrés en 1904, à l'Eglise St. Augustin de Paris sur le thême très suggestif «Comment diriger nos Patronages de Jeunes filles», l'abbé Georges Schæfer opinait qu'une bonne Directrice doit avoir en premier lieu une grande autorité, c'est à dire: «ce je ne sais quoi dans le maintien, le geste, la parole, le silence même qui, du premier coup, fait sentir à l'enfant son maître.»

«Savoir se faire obeir simplement, sans effort, sans éclat, ce n'est certes, pas donné à tout le monde, mais inutile sans cela de s'occuper d'une œuvre de jeunesse.»

En plus de cette autorité, la Directrice sera dans la disposition d'aimer les jeunes filles.

«Eh quoi! me direz vous —dit l'abbé Schæfer— est-il donc possible qu'une directrice n'aime pas ses enfants?»

«Mesdames, il y a aimer et aimer. On peut aimer ses enfants d'une affection, vague, banale, impersonnelle, qui n'est pas l'affection vraie. Une mère aime autrement que cela, elle aime de toute son âme. Mesdames, il faut aimer vos enfants comme une mère, de toute votre âme, il faut que vous vous y attachiez. Les aimer humainement alors? Oui, Mesdames, humainement, autant que surnaturallement, ou plutôt il faut que notre affection puise, dans l'inspiration surnaturelle, une force et une profondeur qui fassent de vous, même pour des enfants qui ne sont pas les votres, qui ont leurs défauts et n'ont parfois rien d'attirant, de vraies mères au sens complet du mot.

Il faut, je vais jusque-là, qu'il entre dans notre affection ce grain d'indulgence et de faiblesse qu'il y a dans l'affection des mères, que vous croyiez à vos enfants, à leur intelligence, à leur cœur, et surtout que vous ne vous souveniez pas trop et que vous ne les fassiez pas trop souvenir des distances sociales qui vous séparent d'elles.»

Et en dernier lieu il y a un facteur considérable dans la direction des Patronages: la méthode.

«Sans méthode—dit l'abbée Schæfer—les qualités et les dispositions les plus rares, le dévouement, l'intelligence, la bonté demeurent inutiles. Ce sont des forces, mais des forces vouées à la sterilité, faute d'être reglées et dirigées.»

«L'eau qui gronde dans le torrent, ou que tombe en nappes imposantes de hauteurs vertigineuses, est une force assurement, mais une force perdue, à moins qu'on ne la capite, qu'on ne l'emprisonne en des canaux, et qu'on ne la transforme, au service d'une puissante machine, en énergie et en mouvement.»

Ainsi en est-il des qualités dont je parlais tout à l'heure: Pour trouver tout leur emploi, pour être même de quelque utilité dans nos œuvres, il est nécessaire qu'elles se plient à la discipline d'une méthode.»

Puis, non satisfait de signaler ces trois conditions et de les déclarer indispensables pour la bonne direction d'un Patronage, il parachêve sa pensée dans une autre de ses Conférences en disant:

«Nous voudrions aussi que les directrices ne transforment pas l'esprit de tradition qui est respectable, en esprit de routine qui est détestable; qu'elles regardent quelque fois par-dessus les murs de leur œuvre, qu'elles se tiennent au courant de ce que font ailleurs amis ou adversaires; que, sans s'éprendre à première vue de toutes les nouveautés, elles accueillent avec simpathie toutes les idées bonnes et fecondes: qu'elles s'élèvent enfin, sans négliger les intérêts particuliers de leurs patronages, à cette conception des intérêts généraux et de l'union des efforts que l'on rencontre, trop rarement, hélas! chez nos femmes d'œuvres (1).»

A l'énumération de toutes ces qualités, il semble que l'abbé Schœfer ait eu présentes aux yeux et à l'esprit celles qui, si richement, dutent la Directrice de l'*Escuela Dominical del Sagrado Corazón de Jesús* Mlle. Capdevila y Cardona, dans l'âme de laquelle se reflètent les qualités de son oncle si distinguée S. G. Mgr. l'Evêque de Sion.

Son autorité est en effet si absolue qu'un geste, une parole lui suffisent, au milieu de nombreuses élèves pour obtenir le silence le plus parfait et faire succeder le travail au jeu. Est cet ascendant ne tire

---

(1) Schæfer: *Comment diriger nos Patronages de Jeunes Filles*. Paris, 1909.

pas son origine d'un sentiment de crainte
mais bien plutôt d'amour filial, car toutes
les jeunes filles, même les moins expan-
sives, font de leur Directrice la confidente
de leurs peines et de leurs projets. Enfin,
sans apporter la moindre perturbation
fâcheuse, dans le Réglement des Ecoles
Dominicales, la zélée Directrice à réussi
à infiltrer dans la nôtre tout le moderne
acceptable des autres Patronages. C'est
ainsi que très prochainement nous inau-
gurerons un Syndicat d'ouvrières réunissant tous les avantages et toutes les initiatives des Sociétés de ce genre.

Pour, en revenir encore aux Conférences déjà citées, l'abbée Schœfer disait:

«Il faut d'abord la jeunesse; elle s'atta-
che de préférence à ceux que l'âge met plus
près d'elle. Les enfants en général aiment
plutôt les jeunes visages. Il faut donc, pour
faire le patronage, la jeunesse: jeunesse
de l'âge, jeunesse surtout du cœur.»

Cet avantage, l'*Escuela Dominical del
Sagrado Corazón de Jesús* le possède en
large mesure. Toutes ses demoiselles
catechistes (1) sont jeunes et fraîchement

______

(1) Parmi les principaux sont: Mlles. de Axo,

émoulues de nos collèges aristocratiques. Et si sur la question de jeunesse deux membres font exception ici, du moins ces deux membres ont en partage la jeunesse du cœur, la gaieté, l'entrain que l'on peut trouver, Dieu merci, sous des cheveux blancs.

Enfin —et ce sera la dernière de mes citations— dans les deux dernières Conférences l'abbée Schœfer traite la question des attraits du patronage et il donne à ce sujet les conseils suivants que je reproduis avec un véritable plaisir:

«Le patronage n'est ni un catechisme, ni une école. Le patronage reçoit les enfants les jours de congé. A des écolières et à des ouvrières, fatiguées du travail quotidien, il doit procurer, avant tout, le repos physique autant que le repos moral. Gardez-vous donc, Mesdames, de changer le caractère de votre œuvre, en vous laissant entraîner, sous un prétexte ou un autre, à surcharger votre horaire de cours qui n'ont rien à voir avec le patronage proprement dit.

Ruiz, Xifré, de la Macorra, Lecea, Tamarit, Arroyo, Subiza, Sigüenza, etc.

»La récréation doit donc tenir la première place dans le programme d'une journée de patronage.»

»Mais en quoi consistera-t-elle? Dans le jeu évidemment, et de préférence, dans le jeu de plein air.

»Hâtons-nous maintenant de dire quelques mots d'un autre genre de divertissements extraordinaires dont nos enfants ne sont pas moins friandes: les séances récréatives.

»Nous n'avons le temps de parler que des représentations scéniques.

»On peut se demander, d'abord, s'il est bon que les enfants y contribuent.

»Oui, répondrons nous, et dans la plus large mesure possible. C'est toujours l'application de ce principe, qu'il faut saisir toutes les occasions de développer chez nos jeunes filles l'initiative, la personnalité, et les faire entrer franchement, pleinement, aussi avant que possible dans la direction même de l'œuvre.

»Il nous reste à étudier l'intéressante question de récompenses.

»On ne saurait, Mesdames, se passer de récompenses dans une œuvre, de jeunesse. Sans exclure des mobiles plus désintéressés et plus élévés, elles constituent pour l'enfant un stimulant que rien ne remplace.

»Mais il faut savoir s'en servir, et d'abord ne pas confondre l'abus avec l'usage. Le prix d'une récompense est moins en elle même que dans l'effort, éxigé pour l'obtenir. Gardons-nous donc de récompenser à l'excès. Quand les enfants pour recevoir n'ont qu'à tendre la main, ils sont bien près de dédaigner ce qu'on leur offre.

»Sachons aussi choisir, et proportionner nos récompenses selon le mérite, l'âge, le goût des enfants. Le plus beau cadeau est celui qui fait le plus de plaisir.»

Ici non plus, nous n'avons rien à envier en notre Ecole au tableau des divertissements, si magistralement esquisse par l'habile conférencier.

Une récréation à l'air libre est donnée chaque dimanche dans le magnifique jardin du Collége des *Escolapias* de cette ville à l'amabilité duquel nous devons également la jouissance d'un local spacieux pour notre école.

Une tombola est tirée tous les mois entre les élèves. Les lots consistent en vêtements, parapluies, objets de lingerie, etc.

Le jour de la fête du Sacré Cœur—patron de l'Ecole—toutes les jeunes filles les plus assidues reçoivent un vêtement complet, et les autres une jupe ou une blouse.

A la Toussaint, à Noël, au temps de Carnaval, etc., un goûter est servi à nos jeunes écolières.

Et grâce à Dieu, jamais les ressources ne nous ont fait défaut, soit qu'elles nous viennent des fonds de l'Association, soit des aumônes toujours abondantes.

Pendant les jours grâs, nos jeunes filles, organisent de petites représentations théâtrales et principalement des scènes bibliques. Toutes leurs compagnes y assistent avec plaisir ainsi que les familles et les dames protectrices de l'Œuvre. Ces modestes séances ont même été honorées de la présence de Son Eminence le Cardinal Rinaldini et de SS. GG. les Evêques de Madrid et de Sion.

En résumé, l'enseignement solide reçu en ce Patronage, la protection efficace donnée aux jeunes filles, les prix et les récompenses, tout cet ensemble fait que nous comptons actuellement aux registres d'inscription deux cents noms environ. Toute cette jeunesse assiste à la messe chaque dimanche et s'approche mensuellement des Sacrements de la Pénitence et de l'Eucharistie. Et c'est merveille de voir l'attachement qu'elles, professent pour leur Patronage, attachement que l'on peut comparer à celui de l'arbre aux profondes racines à l'égard de la terre qui le fait vivre de ses sucs nourriciers.

Deux faits suffiront à prouver la solidité de cette adhésion, car, suivant l'expression consacrée ce sont deux faits vecus.

Il y a quelques années déjà, une dame élégamment vêtue se présentait à notre Patronage, demandant à être reçue en qualité de catechiste. Nous étions justement à court: son admission eut donc lieu. Mais après quelque temps, elle se mit à entretenir les jeunes filles du luxe, de ses satisfactions, des moyens faciles d'en jouir, etc... La prétendue catechiste n'était autre qu'une envoyée de l'immonde traite des blanches!... Sans plus tarder les élèves firent leur dénonciation à la Directrice *pas une* ne se laissa séduire par les trompeuses mais brillantes promesses de la vile créature.

Tout récemment encore, un de ces bals nommés «bals d'étudiants», s'établit juste en face du même Patronage, dans le seul but d'attirer nos pauvres enfants. Avant le commencement des classes, la musique se mit à jouer ses airs les plus entrainants, pendant que des groupes de jeunes gens guettaient leurs victimes à la porte, leur murmurant les paroles les plus flatteuses jointes à l'offre de rafraîchissements et de cadeaux.

Un bal, des friandises, tout cela ne produit-il pas un miroitement enchanteur aux yeux d'une pauvre apprentie accablée du travail de la semaine, mal nourrie et suffoquée par la chaleur d'un été brulant?

Et cependant aucune ne déserta le Patronage: la musique n'eut qu'à cesser, le bal à se fermer et les organisateurs à s'en aller l'oreille basse:

Honteux comme renard qu'une poule aurait pris.

Mais alors, objecterez-vous peut-être, comment se fait-il que tant de jeunes des-

œuvrées pullulent dans les rues le dimanche?

Tout simplement parce que la moisson
est abondante et les ouvriers peu nombreux (1), autrement dit parce qu'il y a
des milliers de jeunes filles affamées de
protection et d'éducation mais peu de Patronages et moins encore de personnes
prêtes à y consacrer leurs capacités ou
leurs aumônes.

Priez donc le Maître afin qu'il envoie
des ouvriers dans ses champs, ou plutôt,
Mesdames, soyez vous mêmes ces dignes
ouvrières soit en consacrant, si cela vous
est possible, une partie de vos soirées
du dimanche à la tâche sacrée de l'éducation chrétienne soit en contribuant par
votre générosité au soutien d'une œuvre si
intéressante.

Venez donc—vous dirai je avec le pieux
auteur de la *Vie après le Pensionnat*—
venez aux directeurs des Ecoles Dominicales et dites leur: nous voici!

Venez, vous toutes, jeunes filles, en

----

(1) St. Luc., X, 2.

attendant que Dieu fixe votre vie dans une voie ou dans une autre.

Venez, vous destinées à fonder une famille chrétienne, pour apprendre, auprès de ces enfants, que le bien le plus précieux à repandre autour de vous, est celui de la foi.

Venez, vous, que Dieu appellera dans le cloître; vous commencerez ainsi à exercer le don de vous mêmes.

Venez, aussi, mères qui, après avoir rempli votre tâche auprès de vos enfants à vous, avez encore quelques loisirs.

Venez, ouvrières, qui saurez sacrifier à Dieu, pour le faire connaître, quelques-uns des moments pris sur les heures de votre repos.

Vous avez, toutes, pour reussir dans cette œuvre divine, l'œuvre du salut des âmes: *la science du cœur qui est celle de Dieu.* Il y a dans la femme de tout âge, *l'étoffe d'une sœur de charité.* Donnez, donnez, de votre abondance.

Oh! comme le divin Maître saura vous recompenser!

VI

FONDATION DE COMITÉS LOCAUX ET LEUR DÉVOLOPPEMENT

C'est un principe élémentaire de philosophie que le bien, par sa nature même tend à la diffusion étant donné que le bien, c'est la perfection, que la perfection se traduit en activité et qu'une activité parfaite diffuse et propage son œuvre de tous côtés.

Or, les œuvres de protection pour les jeunes filles étant bonnes et par là même parfaites et actives, il est de toute évidence qu'elles dévaient, une fois connues, se repandre dans l'Espagne entière. En effet, la réalité surpasse ici les espérances les plus optimistes et les plus flatteuses. Notre Association espagnole est toute recente, peu de propagande a été faite à son sujet, la grande force sociale de la presse ne s'en est, pour ainsi dire, jamais emparée et cependant, nombreuses sont déjà les villes de notre patrie où fonctionnent des Comités de l'Œuvre. Et, ce qui est mieux encore, l'Association dans toutes ses branches possède une vigueur et une exubérance de vie pleines de promesses et de consolants espoirs pour les temps futurs.

Le premier Comité provincial fondé après le Comité national de Madrid fut celui de San Sebastián, ce qui s'explique facilement par deux raisons. La première est que cette ville est la résidence balneaire de la Famille Royale, protectrice affirmée de notre œuvre et, comme raison subséquente beaucoup des membres de notre Comité étant Dames d'honneur de S. M. la Reine par leur qualité de *Grandes d'Espagne* elles profitent de leur sejour sur la riante et belle plage pour développer notre Association.

Le Comité de San Sebastián se créa pendant l'été de 1909.

La direction en est ainsi composée actuellement:

PRÉSIDENTE

Mme. Eladia Luzunáriz de Altuve.

SECRÉTAIRE

Mme. Juana Martínez de Múgica.

VICE-SECRÉTAIRE

Mlle. Tomasa Múgica.

CONSEILLÈRE

Mme. María Teresa Barcáiztegui de Zappino.

Le dit Comité réalisa dès son début d'intéressants travaux.

En premier lieu, comme San Sebastián est une ville cosmopolite ou affluent constamment de jeunes étrangères desireuses de se placer, on organisa pour elles une *Hospedería* dans le gracieux châlet mis à disposition du Comité par les Religieuses de la Présentation avec une charité qui les honore. Ces jeunes filles sont placées immédiatement si faire se peut dans des maisons de confiance; l'une d'elles, jeune allemande fut entretenue gratuitement à l'*Hospedería* pendant deux mois, afin d'être soustraite à de graves périls.

Et cette protection, offerte avec tant de munificence par le Comité s'étend non seulement aux étrangères de toutes nationalités mais encore aux jeunes espagnoles qui dans cette ville recherchent les places de femmes de chambre, bonnes d'enfants, etc., les recueillant dans le châlet jusqu'à ce qu'on ait réussi à leur procurer une situation.

Pour contenir l'éxode rural si menaçant dans le nord de l'Espagne et en même temps l'émigration qui, pour être un mal nécessaire n'en est pas moins un mal, le même Comité a répandu à profusion et traduits en langue basque les affiches dont il a été parlé au sujet des «missions des Gares» (1).

____

(1) Les voici:

Neskatxa Gaztien Laguntzagarri sortu dan. erridien arteko alkarta:un katolikua

Guraso eta alabentzat oarkera.

Gurasuak: Zuen alabak, Jaungoikuak eman-dako biyotzeko puskak dira: abek zaitzia, zuen lenengo eginkizuna da.

Irabazi usayian etxetik urrutiratzen diran nes-katsa gazte ezjak ñak, negar samiñak maiz ekarri. oi dituzte.

Etxeko bizi-bidea ta sort-erriko irabaziya zint-

Mais, entre toutes les éfficaces réalisations du Comité de San Sebastián, il en est une très remarquable à laquelle je me

---

zo eta kristau bizitzeko onenak dira. Uri eta erri aundiyetan dauzkatzuten alabatzaz bildur izan zaitezte, etxeko gozamenian, alabak ondoena azi ta bizitzen dira.

Jayotzerriya edo inguruan irabaz-biderik badute, erbesterako gura ta nayetatik atzeratu itzazute; zuen begiropen ongarritzutik ezditezela irten, erri aziyetan gaztientzako galbide eta sare likitsasko dago ta.

Bizi eziñak iñoiz zuen ingurutik aldentzen baditu, neskatxen laguntzagarri sortutako «Alkartasun katolikuari» argibideak eskatu.

Neskatxak: Erbestian obeto ta aundizkiyo izateko asmuan aita-amen bizitegirik ez beñere utzi. Ongi nai zaituztenen oarkerak entzun.

Jayotz-erriyan iñola albadezute, antola zaiztezte. Ezazute amets egin: erri aundiyetako bizikera gero ta zaillagua da, aberastasuneta gorapenak iristia anbat geyago.

Ama maitetsuaren begiratu samurrik mirabetzan arkituko ez dezute; aita zintzuaren biyotzeko ongi nayik, ain gutxi.

Gaitz gabeko jolasaren farr-irriyak senide artian, etxian izan oi dira; etxeko gozamen eta zorionik iñon ez.

Oso eziñian, bada, zuen etxiak utzi; premiyan gurasoengandik aldendu, eta orduan ere *josten*, propose de donner tout le relief qu'elle mérite.

Cette œuvre consiste à envoyer à Paris des ouvrières catholiques intélligentes et

---

zukaldetzan, janari-maniatzen edo *etxeko langintzarik* jakin gabe, beñere ez.

Erbestera irten bañon len, arreta eta begira omenaz nora zuazten jakin, au egiñ gabe, gezurrezko ezkeñiyakiñ, gaste asko galdu dira ta.

Txikitandik gorestu zenduten zeruko Ama errukitzuba zuen estalpetzaz artzazute eta *Bera* otoiztu agurtu gabe egunik ez utzi, indar aundiko laguntzallia baita.

Margo (kolore) zuri-oriya ezagungarritzaz azaltzen dituben Alkartasun Katoliku onek Aita Santuaren onetsi ta baimena dauzca.

Leku arrotzera irtentzerakuan, juan-etorri luzietan, uri batetik bezterako aldaketan Alkarte Kataliku oni aurrez idatzi (eskribitu) ezkeroz, argipen zuzenbidetzako nor edo nor burni bidetako geldi-lekuetara agertuko da, idazten ez badakizute, bular gañian zuri-oriyakiko ezagungarriya daramanari galdetu.

El señor Obispo, que ha bendecido esta obra, recomienda á los señores Párrocos en la Circular del 13 de Noviembre del pasado año de 1911 la fijación de estos carteles en las puertas de las iglesias y que se haga saber á todos los feligreses el objeto de las mismas.

actives afin de se perfectionner dans leurs métiers respectifs et se mettre ainsi dans la position de créer à leur tour des établissements analogues aux établissements parisiens.

Déjà Sancho de Moncada, dans ses célèbres discours adressés à Philippe III se lamentait de ce que les commerçants et les artisans espagnols ne puissent vivre puisque tous les produits manufacturés arrivaient de l'étranger en Espagne (1). Or, depuis cette époque déjà lointaine, non seulement aucun progrès n'a été accompli dans la protection et le soutien des industries feminines, mais il semble au contraire que la manie de la confection étrangère—et surtout parisienne—s'accroit chaque jour. Je connais des dames—ceci n'est pas une exagération—faisant venir de Paris jusqu'à la nourriture de leurs oiseaux et de leurs chiens, et qui depensent ainsi un argent dont sont frustrés les pauvres et les nécessiteux.

------

(1) *Restauración política de España y deseos públicos,* que escribió en ocho discursos el doctor Sancho de Moncada, pág. 18. Madrid, 1746.

Les broderies, les costumes, les chapeaux tout arrive de Paris en ligne directe, sans doute parce que les ouvrières de cette ville du *Bon Goût* ressemblent à la sympathique Henriette Madiot, si bien mise en lumière par René Bazin laquelle «réussissait à donner à son œuvre ce tour qui est le souci, la joie et le gagne-pain de toutes ces filles de la mode, ce rien d'art où entrent leur jeunesse, leur imagination de femmes, le rêve que leurs vingt ans feraient volontiers pour elles-mêmes et qu'elles cèdent aux riches, indéfiniment, tant que leur tête peut inventer et leur main suivre une pensée (1).

Or, si les dames s'adressent à Paris parce que la confection y est de meilleur cachet, il est à espérer que nos ouvrières allant parfaire là bas leur éducation professionnelle rapporteront en Espagne le secret des dernières progrès, des «nouvelles créations» pour se servir du terme consacré. De cette manière la richesse nationale gagnera, car, sans tomber dans

---

(1) René Bazin: *Le toute son âme*, pag. 15. Paris, 1908.

les ridicules exagérations du mercanti-
lisme, il est indubitable toutefois qu'une
Nation prospère d'autant plus qu'elle protège davantage ses industries. Mais, ce qui
est bien plus à considérer encore, nous
guérissons un mal qui fait aujourd'hui
toute la préocupation de la pathologie
sociale: la traite des blanches.

Il est lamentable de constater, en effet,
le grand nombre de jeunes filles auxquelles peut s'appliquer cette poésie si bien
frappée de Rosalía de Castro:

> Tray manchada-l-as prumas
> Qu'eran un tempo brancas,
> Tray muchas e rastreiras
> Y abatida-l-as alas.
> ¡Ay! probe pomba, un tempo
> Tan querida e tan branca
> ¿Onde vay o teu brilo? (1)
>
> . . . .

Et, lorsque nous sommes témoins de
la chute de ces pauvres filles, nous nous
demandons, toujours avec la même Ro-
salia:

> ¿Cómo así pudo
> Hacer traición á su virtud sin mancha,

----

(1) *Follas novas*, pag. 1c5. Madrid, 1880.

> Malgastar las riquezas de su espíritu,
> Vender su cuerpo, condenar su alma? (1)

Et la réponse, la pathologie sociale elle même nous le donne en nous demontrant à l'aide d'irréfutables arguments que la cause première de ce mal regrettable, c'est la faim, la misère, conséquence naturelle du manque de travail.

«Tout le monde — nous disait le sénateur Béranger à la Conférence internationale de Vienne — tout le monde sera bien d'accord sur ce point et il sera permis à un vieux criminaliste de vous redire à son tour: Il va ut mieux, absolument mieux prévenir que réprimer.»

Si vous voulez suivre ce prudent conseil et suivre la lettre et l'esprit de nos Statuts, donnez du travail aux jeunes ouvrières, Mesdames, confiez leur la confection de vos trousseaux et si elles ne travaillent pas d'une manière qui vous satisfasse, imitez le Comité de San Sebastián!...

Presque en même temps qu'à San Se-

---

(1) *En las orillas del Sar*, pag. 25. Madrid, 1884.

bastián se fondait le Comité de Bilbao, la ville par excellence, vous le savez, pour l'intensité du travail de fabrique et du mouvement industriel, ville où les ouvrières réclament, plus que partout aillieurs, protection et soutien.

Le Comité se compose des membres suivants:

PRÉSIDENTE

Mme. la Comtesse de Casa Montalbo.

SECRÉTAIRE

Mme. Angela Landecho de Gortázar.

TRÉSORIÈRE

Mlle. Soledad Zamelzu.

CONSEILLÈRES

Mme. Eulalia Larrañaga de Valdés.
Mlle. María Gil.
Mme. la Vice-Présidente de la Repression de la traite des blanches.
Mme. la Présidente de l'Ecole de la Sainte Famille.
Mme. la Présidente des Œuvres de zèle.
Mme. la Présidente du Patronage de la Ronda.

Dans les deux années, de fonctionnement que compte ce Comité, il a travaillé beaucoup et bien et mérite les éloges les plus sincères et les plus enthousiastes.

En premier lieu, il s'occupe de proteger et de bien placer les jeunes ouvrières quiaccourent à Bilbao pour y chercher du travail. Ce sont les Religieuses de Marie Immaculée dites du *Servicio doméstico* que sont chargées de les recueillir en attendant leur placement.

Si les jeunes protégées du Comité bilbaino sont étrangères elles trouvent un abri commode et de prix modéré chez les Religieuses Augustines qui les reçoivent dans un agréable chalet et poussent le devouement jusqu'à leur enseigner la langue castillane s'il y a nécessité. Une fois par mois toutes ces jeunes filles sont conduites chez les *Reparadoras* pour prendre le thé et jouir de quelques instants de récréation après quoi elles entendent une courte allocution suivie du Salut du St. Sacrement.

En dehors de ces œuvres de zèle social et religieux communes à tous les Comités vraiment désireux d'accomplir leur devoir, il en est une particulière à celui de Bilbao et que voici:

La province de Bizcaye étant vaste et populeuse, le Comité eut l'idée de créer dans les principaux bourgs des Comités locaux dont un surtout, celui de Guernica, travaille avec un véritable enthousiasme. De plus, dans toutes les paroisses de Bizcaye — et leur nombre dépasse 200—des affiches ont été placées ostensiblement; ce n'est pas encore tout: les curés des paroisses ont été priés de demontrer à leurs jeunes paroissiennes les périls de l'éxode rural et les grands avantages qui ressortent de la permanence au pays natal. Or, les prêtres, il faut le dire à leur louange, s'acquittent à merveille de cette mission et ils engagent en outre les jeunes filles au cas où une circonstance supérieure forcerait celles-ci à émigrer de ne pas le faire sans en donner connaissance à notre Association afin d'être protegées par elle.

L'importance transcendentale de cette sage mesure est évidente à priori. Elle seule parerait aux maux que nous déplorons sans cesse et avec elle s'accomplit une des principales fins de notre Association internationale. C'est le meilleur des moyens préventifs à employer, car suivant la parole toujours éloquente de notre très digne Vice-Présidente la Baronne de Montenach dans la dernière Semaine Sociale de Suisse: «entre tous les moyens de protection, le meilleur, c'est encore la protection préventive. Ie nomme protection préventive celle qui tend à retenir la jeune fille chez elle, à la campagne, celle qui lui devoile le mirage trompeur des attractions urbaines, celle qui ouvre à son activité, sur place, des debouchés rémunérateurs, celle qui relève la profession de paysanne, celle qui inculque à la fiile des champs l'amour de son village, de la culture et des industries domestiques qui constituent la vie agricole.»

«Il y a, à la campagne, des quantités de petites industries domestiques qui périclitent, qu'on pourrait reléver, et qui assureraient, à celles qui s'en retournent, si ce n'est la richesse, du moins, l'aisance, dans l'honneur et dans la liberté.

Il y a d'autres métiers encore, qui, sans être intéressés directement au travail de la terre, auront néanmoins sur lui une repercussions bienfaisante, en retenant au village tous ses habitants.

Le village est le grand sacrifice de l'heure présente, on lui a enlévé tout qui faisait son charme et son caractère, on a banni ses anciennes coutumes, on a suprimé ses fêtes traditionnelles et on ne lui a rien donné en échange, tandis qu'on prodiguait à la ville toutes les ameliorations, tous les luxes et toutes les attirances...

Une réaction s'impose; et tous les jours on en voit davantage l'impérieuse nécessité (1).

Après ces deux florissants Comités basques, se constituait celui de Santander, dont la direction est entre les mains de ces dames:

PRÉSIDENTE

Mme. Margarita Campuzano de Arenzana.

SECRÉTAIRE

Mme. Lea Garcia de Celis.

____

(1) *Semaine Sociale*, Fribourg, 1910, pages 478-479.

TRÉSORIÈRE

Mme. la Comtesse Vve. de Mansilla.

CONSEILLÈRES

Mme. Manuela Saro de Ordóñez.
Mme. Petronila Pombo del Campo.
Mme. Mercedes Lameyer de Bengoa.
Mme. Soledad Monasterio de Avellano.
Mme. María Jesús Quintana.
Mme. Antonia Gurtubay de Atucha.
Mme. Carmen Vázquez de Regúlez.
Mme. Antonia Rubio de la Revilla.
Mme. Carolina Bregel de Torres.

Ce Comité ressemble à ses frères quant à la recence, aux grandes espérances et au bien accompli. De plus, il a contribué dans une large mesure à l'établissement en cette bonne ville, d'une Communauté Religieuse destinée à l'hospitalisation gratuite des jeunes servantes en quête d'emploi.

Presqu'en même temps que le *Comité* de Santander s'établissait celui de Saragosse ainsi compose:

PRÉSIDENTE

Mme. la Marquise de Montemuzo.

VICE-PRÉSIDENTE

Mme. María Peyrona Vve. de Fernández de la Vega.

SECRÉTAIRE

Mme. Ana Borderas Vve. de Royo.

CONSEILLÈRES

La Présidente des Ecoles Dominicales.

La Présidente des Ecoles *nocturnas* des ouvrières.

Quatre mois seulement d'organisation sont à l'actif du Comité de la cité de N. D. del Pilar, et déjà il a réussi à placer avantageusement beaucoup de jeunes filles. Ce Comité s'est en outre organisé de façon à être avisé de l'arrivée à Saragosse des jeunes paysannes aragonaises. Ces dernières sont donc reçues à la gare par notre Association et pourvues de travail aussitôt que posible.

La ville de Malaga compte aussi, depuis quelque temps, avec un Comité qui s'éfforce de travailler avec ardeur à la réalisation de notre œuvre humanitaire.

Les dames qui en ont reçu la direction sont:

PRÉSIDENTE

Mme. Josefa Loring de Rein.

VICE-PRÉSIDENTE

Mme. María Teresa Bolin de Rein.

SECRÉTAIRE

Mlle. Emilia Werner.

VICE-SECRÉTAIRE

Mme. María Alarcón de Blasco.

CONSEILLÈRES

Mme. Ramona Solier de Laza Alcalá.
Mlle. Julia Sánchez Lirio.
Mlle. Sabina Rodríguez Tena.
Mme. Vice-Présidente de la repression de la traite des blanches.
Mme. Présidente des Ecoles Dominicales.

La populeuse capitale des Asturies, Oviedo, possède aussi son Comité en pleine voie de prospérité: il soutient un *Abri* pour une vingtaine de jeunes filles et réalise avec un grand zèle l'œuvre des missions des gares. Il projette aussi d'établir des *cartillas de previsión* pour les jeunes protegées se distinguant par leurs vertus.

Ce Comité est ainsi composé actuelle-ment:

PRÉSIDENTE

Mme. Gertrudis Alvarez Mir de Con-sul.

VICE-PRÉSIDENTE

Mme. La Comtesse de la Vega de Sella.

SECRÉTAIRE

Mme. Constancia G. Carvajal de G. de Castro.

VICE-SECRÉTAIRE

Mme. Hortensia Zabasthe de Diz.

TRÉSORIÈRE

Mme. María Teresa Cañedo de Ibran.

VICE-TRÉSORIÈRE

Mme. Irene Guzmán de Cobián.

CONSEILLÈRES

Mme. La Marquise de San Félix.
Mme. Amelia Balli de Ordóñez.
Mme. Manuela Bros, Vve. de Vere-terra.
Mme. Teresa Collantés de Herrero.
Mme. Rufina Coto, Vve. de Valdés.

La ville natale de Ste. Thérèse de Jésus, Avila de los Caballeros, vient de voir, il y a quelques jours, un Comité déjà florissant, s'établir dans ses murs; desqu'il fut organisé, les accords suivants furent votés à l'unanimité:

1.º Commencer immediatement la Propagande en plaçant les affiches envoyées par le Comité nationale, à la gare, aux portes des quatre églises paroissales, de la cathédrale, des couvents, écoles dominicales et hôtels.

2.º Démander à Mgr. l'Evêque qu'il daigne autoriser, l'insertion des dites affiches dans le Bulletin de l'Evêché afin que les curés des plus petites paroisses de la province aient connaissance de l'Œuvre et des fins.

3.º Prendre note des auberges ou maisons particulières réunissant les conditions nécessaires pour loger les jeunes filles.

Le Comité d'Avila est ainsi formé:

PRÉSIDENTE

Mme. Bernardina de Santiago Vve. de Yuste.

VICE-PRÉSIDENTE

Mme. Juana Zumaeta Vve. de Osorio.

SECRÉTAIRE

Mme. Eliana Garcimartín.

VICE-SECRÉTAIRE

Mme. María Núñez Dorado Vve. de Zanón.

TRÉSORIÈRE

Mlle. Antonia Sastre Real y Llorente.

CONSEILLÈRES

Mme. Evarista Llenderozas de Aboin.

Mme. Julia Martín de Aboin.

Mme. la Présidente de l'École Dominicale.

Mme. la Vice-Présidente de la représsion de la traite des blanches.

Barcelona, Granada, Sevilla, Jerez de los Caballeros, Villafranca de los Barros, toutes ces villes ont un Comité de notre Association, et entre tous ces Comités existe une rivalité de zèle, d'abnégation et d'amour des âmes qui permet d'espérer des resultats bien consolants. Ceux de Barcelona, Sevilla et Granada surtout, en raison de l'importance de ces capitales promettent beaucoup.

Le Comité de Barcelona se compose ainsi:

PRÉSIDENTE

Mme. la Marquise de Castelldosrius.

VICE-PRÉSIDENTES

Mme. Dolores Chaves y de Sentmenat.
Mme. Isabel Vilavecchia de Dalmases.

SECRÉTAIRES

Mme. María Luisa M. de Witty.
Mlle. María Pujó.

TRÉSORIÈRE

Mme. la Baronne de Maldá.

VICE-TRÉSORIÈRE

Mme. María Ferrer de Albó.

CONSEILLÈRES

Mme. la Comtesse de Llar.
Mme. Francisca Bonnemaison de Verdaguer.
Mme. Dolores Moncerdá de Maciá.
Mme. la Comtesse de Vilardaga.
Mme. Cornet de Roig y Bergadá.
Mme. Mercedes Llopart Vve. de Sivatte.

Mme. la Présidente du Patronage éco-lier des ouvrières.

Mme. la Présidente du Patronage de Santa Madrona.

Mme. la Présidente du Patronage de l'aiguille.

Vice-Présidente de la représsion de la traite des blanches.

Celui de Granada:

PRÉSIDENTE

Mme. Rosario de Solís de Pérez de He-rrasti.

VICE-PRÉSIDENTE

Mme. Maravillas Barrante Vve. de Pé-rez de Herrasti.

SECRÉTAIRE

Mme. Isabel López de Cajigas.

VICE-SECRÉTAIRE

Mlle. María Díez de Rivera y Muro.

TRÉSORIÈRE

Mme. Angustias Guindós de Vinondo.

VICE-TRÉSORIÈRE

Mlle. Teresa Vinondo y Guindós.

CONSEILLÈRES

Mme. la Comtesse de las Infantas.

Mme. la Comtesse de Guadiana.

Mme. la Marquise de la Garantía.

Mme. la Marquise de Santaella.

Mme. Blanca Barrante de Andrada.

Mme. Josefa Díez de Rivera de Díez de Rivera.

Mme. Pía Heredia de Ambel.

Mme. Elisa Chacón de Benavides.

Mme. la Marquise de Castellón.

Mme. la Présidente des Écoles Dominicales.

Mme. la Vice-Présidente de la représsion de la traite des blanches.

Mère Supérieure de *l'Asilo de la Inmaculada Concepción.*

Mère Supérieure du *Servicio doméstico.*

Celui de Sevilla se compose ainsi:

PRÉSIDENTE

Mme. Baronne Vve. de Horst.

VICE-PRÉSIDENTE

Mme. la Marquise de Tablantes.

SECRÉTAIRE

Mme. Gracia de Solís de Contreras.

VICE-SECRÉTAIRE

Mme. Salvadora Gómez de Gómez Rull.

TRÉSORIÈRE

Mlle. Elena Llaguno.

Celui de Villafranca de los Barros:

PRÉSIDENTE

Mme. Dolores Tous de Monsalve.

VICE-PRÉSIDENTE

Mlle. Mercedes Montero de Espinosa.

SECRÉTAIRE

Mlle. Rosa Campomanes.

TRÉSORIÈRE

Mlle. María Tous de Monsalve.

VICE-TRÉSORIÈRE

Mlle. Mariana Jaraquemada.

Celui de Jerez de los Caballeros:

PRÉSIDENTE

Mme. la Comtesse de Puerto Hermoso.

VICE-PRÉSIDENTE

Mme. la Marquise de Casa Domecq.

Mlle. Teresa León.

Mme. Carolina Pemartín Vve. de Sán-chez-Romate.

Mlle. Elena Lapuente y Gordón.

Mlle. Felisa Pemartín.

Mlle. Isabel García Jerez.

Par cette rapide énumération et sans entrer dans des détails qui nous condui-raient beaucoup trop loin, il est aisé de constater que l'Association internationale dont nous nous honorons à si juste titre de faire partie, possède des Comités dans toutes les régions principales d'Espagne.

La Galice manquait cependant, mais dès aujourd'hui nous pouvons annoncer que bientôt notre œuvre y serà repre-sentée puisque Mme. Angela Santamari-na de Temes, ici présente, se charge de créer un Comité à Orense. Et connais-sant, comme je les connais, les éminen-tes qualités de cette pieuse et philanthro-pique dame, nous ne pouvons que bien augurer du nouveau Comité.

Puisque je parle de Galice, et que nous

avons l'honneur de compter ce matin parmi nous d'illustres représentantes des Comités du Nord de l'Espagne qui fournit le plus grand contingent à l'émigration américaine, consacrons, si vous le voulez bien, mesdames, quelques moments d'attention à ce problème capital de notre Patrie.

Vous avez entendu et applaudi tout à l'heure, Mme. la Baronne de Montenach qui dans des paroles nées du cœur et pleines de sentiment vous priait de vous occuper des jeunes émigrantes en Espagne comme cela se fait déjà en Autriche, en Allemagne et en Belgique, grâce à l'Association bien connue de Raphaels-Verein. Or c'est précisément pour la réalisation de ce même désir que je lutte depuis de longues années déjà (1).

____

(1) Voici ce que j'écrivais il y a deux ans dans *El Universo* de Madrid, au sujet de cette sympathique institution:

LA IGLESIA CATÓLICA Y LOS EMIGRANTES

Finalizaba ya la sesión memorable en que la Conferencia internacional celebrada poco ha en Viena estudió el delicadísimo problema de la emigración. Los últimos destellos de una clari-

Le premier livre que je livrai à la publication était consacré à l'étude de l'émigration *gallega*. Et depuis cette époque

---

dad mortecina bañaban los rojos escaños del grandioso salón en que nos reuníamos, y envuelto en esta suave penumbra se levantó á hablar un sacerdote perteneciente al simpático grupo de los delegados húngaros.

Bastante joven aún, de una cortesía y de una amenidad exquisitas, pulcramente vestido y colgando de su pecho valiosísima cruz de esmeraldas, notábase á primera vista que no era una figura vulgar la suya. Y, en efecto: aquel sacerdote era el Conde magyar Vay de Vaya, abad mitrado de San Martín, que consagra las energías todas de su corazón apostólico y las pingües rentas de su casa al socorro de sus paisanos emigrantes, siendo el alma y la vida de la Sociedad de San Rafael para la protección de los emigrantes católicos. En francés correctísimo, dulcificado por una pronunciación claramente italiana, subrayando sus frases por medio de una acción dulce y lenta como de orador moderno, diónos á conocer esta obra admirable entre los aplausos de la Conferencia, en la que predominaban protestantes y judíos. Y como quiera que esta obra de celo social-católico podría fácilmente implantarse en nuestra Patria, tan probada por el éxodo de sus hijos, voy á exponerla someramente, valiéndome para ello del discurso antedicho, de los datos que déjà lointaine jusqu'à la récente Semaine Sociale de Santiago dans laquelle j'eus l'honneur de donner deux leçons sur le

---

me proporcionó el infatigable secretario austriaco de esta obra Sr. Fischer, y, sobre todo, del documentado libro *Nach Amerika in einen auswanderer Aschiffe*, uno de cuyos lujosísimos ejemplares poseo con dedicatoria cariñosa de su mismo autor Vay de Vaya.

Cuando la pobreza hostiga, el hambre acecha, el impuesto aplasta, la usura amenaza y la emigración—como mal necesario—se impone para huir de peligros tan hondos, y los pobres emigrantes

¡Van a deixá-l-a Patria!...
Forzoso, mais supremo sacrificio
A miseria está negra en torno d'eles
¡Ay! ¡y adiant'está ó abismo!...

como cantó la genial Rosalía de Castro; es cuando, para ponerlos á cubierto de la miseria y librarlos del abismo, entra en funciones la Sociedad de San Rafael, protegiendo al emigrante en sus intereses religiosos y económicos.

Para lo primero cuenta en el país de destino, y aun en los principales puertos del mundo entero, con sacerdotes y religiosos afiliados á esta Asociación benéfica, en los cuales hallan los pobres emigrantes húngaros la continuación de aquel párroco benemérito que los recibió en el bautismo, escuchó su confesión primera, bendijo

problème de l'émigration, j'ai toujours.
soutenu:

1.º Que l'émigration est un mal puis--

---

su unión indisoluble, cerró los ojos de sus padres y, mientras dure la ausencia, continuará·
velando por los restos sagrados de sus progenito-·
res que duermen el último sueño á la sombra del
campanario humilde de la aldea.

Y para que no se resfríe su fe durante la travesía suelen acompañarlos algunos sacerdotes
húngaros. Yo conservo como oro en paño una·
fotografía tomada durante los ejercicios espiritua--
les dados en la cubierta de un barco á centenares de emigrantes; y pasma y maravilla el recogimiento con que escuchan al sacerdote, no sólo·
éstos, sino la tripulación y los mismos viajeros
distinguidos; y horroriza y espanta el considerar
tan sólo los daños sociales que podrían inferir
esos mismos hombres entrenados por el ejercicio·
muscular diario, endurecidos en sus luchas con.
la madre tierra, si sus ímpetus naturales no fuesen amansados por la influencia lubrificadora.
—hablo en términos sociales—de nuestra religión sacrosanta.

Protege la Sociedad de San Rafael los intereses económicos del emigrante; ilustrándole, ante.
todo, por medio de las Oficinas de información,.
de los lugares en que mejor puede hacer fortuna,.
librándole de los intermediarios, que suelen ser
los que mejor se lucran de las miserias ajenas,.

qu'elle appauvrit la race espagnole, nous
dérobant les meilleurs bras, consumant et
déprimant de nombreuses vies, enlevant

proporcionándole rebaja en los billetes, camboi
sin interés y, sobre todo, una colocación honrada
y segura.

Y así como la Asociación internacional para
la protección de las jóvenes usa unos lazos para
ser conocidos sus miembros en las estaciones y
puertos de embarque, del mismo modo los miembros de la Obra á que nos venimos refiriéndo llevan en lugar visible sus insignias para ser conocidos fácilmente por los pobres emigrantes; y
éstos, á su vez, en la mano, en la solapa, en su
chaqueta y hasta en el sombrero llevan también
la tarjeta de recomendación de color azul celeste,
de cortas dimensiones y con el Arcángel San Rafael protegiendo una nave, que es el escudo de la
Asociación.

Los resultados de esta obra redentora son admirables. Y no son tan sólo los hombres que
emigran los que obtienen sus beneficios; lo son
también las mujeres, sobre todo las jóvenes que,
solas y abandonadas en el campo de la emigración, es un milagro que no se pierdan. Por ello,
otro joven y distinguidísimo diplomático hún-
garo ha podido afirmar en la misma Conferencia
que, entre millares de jóvenes extraviadas que
en América existen, no hay casi ninguna húnga-
ra; y aun las mismas que en teatros reñidos con

la foi et le respect de l'autorité au sein des multitudes. Si parfois l'émigration offre la richesse ce que n'est un bien hors de proportion avec tous les maux antérieurs.

2.º Que ce mal est aujourd'hui un mal fatal et nécéssaire puisque l'Espagne

---

la moral se exhiben con este nombre es por obtener mayor remuneración por sus trabajos, dada la fama que las naturales de aquel país ordinariamente tienen al presentarse como zíngaras.

Hace pocos meses que, al terminar mis humildes lecciones en la Semana Social de Santiago, me dirigía á las numerosísimas y distinguidas damas asistentes, estimulándolas á que trabajen algo en favor de los pobres emigrantes; y hoy, que tuve ocasión de ver prácticamente realizada aquella aspiración mía por medio de la Sociedad de San Rafael, que alienta y vive ya en Austria, Alemania y Bélgica, ruego á aquellas ilustres damas, y en general á todas las personas aficionadas á este linaje de estudios, que consideren este artículo como una postdata á las lecciones mías, ya que tan sólo con obras de celo social católicas evitaremos que la emigración siga siendo un vehículo de la trata de blancas, peor mil veces que la negrería, porque ésta, al fin y al cabo, sólo comerciaba con los cuerpos y aquélla comercia con los cuerpos y las almas.»

ne peut fournir du travail à ses enfants; et ce mal ne peut se combattre par des moyens législatifs et directs — fermer les portes de l'Espagne aux émigrants serait souvent leur ouvrir les portes du tombeau—; mais par des moyens indirects en fomentant la production nationale et en diminuant les impôts.

3.º Que l'émigration étant un mal néccéssaire, il faut l'enrayer en protegeant les émigrants tant au point de vue matériel que religieux et moral, au moyen d'œuvres semblables à celles d'Allemagne auxquelles je faisais allusion tout à l'heure.

Par conséquent, il est tout naturel qui j'unisse mes prières à celles de Mme. la Baronne de Montenach pour que les Comités locaux fondés dans des regions qui constituent le pays d'origine de l'émigration étendent leur action bienfaisante sur les jeunes émigrantes (1).

―――――――――

(1) Voici ce qui me racontait, à la Conférence internationale de Vienne un jeune et distingué diplomate hongrois:

«Etant attaché à la Légation de mon pays dans une des Republiques américaines, il vint à ma

¡Que ma parole n'est-elle de feu pour graver dans vos cœurs, combien grande, belle et agréable à Dieu est l'œuvre que vous accomplissez, Mesdames, en faisant partie de notre Association protectrice!

¡Que ne puis-je aussi enflammer d'un saint zèle les dames qui m'écoutent et qui ne comptent pas encore parmi les membres de l'Association!

Mais bien mieux que moi le fera une intéressante feuille repandue à profusion, il y a peu de temps, parmi les demoiselles de la haute société parisienne à la fin des éxercices spirituels du Carême de 1911.

Permettez moi donc de fermer avec

―――――――――

connaissance que sur la scène de l'un des théâtres les plus immoraux de cette Republique, deux jeunes hongroises s'exhibaient et faisaient les délices d'un certain public par leurs danses et leurs chants lascifs. J'allait donc à ce théâtre afin d'essayer de rapatrier ces deux malheureuses mais mon étonnement n'eut pas de bornes lorsque je constatai que les deux belles hongroises étaient, le croiriez vous? ¡De la Galice!»

Combien de nos pauvres compatriotes se perdent ainsi, faute d'une main qui les protège et ecarte de leur chemin avec une prudence toute maternelle tous les dangers qui s'y trouvent.

cette épingle d'or un chapitre déjà trop long.

Voici le contenu de cette feuille:

APPEL AUX JEUNES FILLES

L'Association catholique internationale des Œuvres de Protection de la jeune fille a pour objet la protection matérielle et morale de toute jeune fille obligée de gagner sa vie: de celle qui reste au foyer comme de celle qui est forcée de s'en éloigner.

Elle poursuit un triple but:

1.º Retenir et occuper au pays la jeune fille en lui signalant les dangers de l'émigration et en s'efforçant de lui fournir sur place un travail rémunérateur;

2.º La préserver des périls de la route, si elle est forcée d'entreprendre un voyage;

3.º Lui procurer à son point d'arrivée, un abri sûr, un placement honnête, un soutien moral... parfois matériel. Et cela, non en fondant une œuvre nouvelle, mais en reliant, en vivifiant les œuvres déjà existantes et en les indiquant aux intéressées.

Jeunes filles que la Providence a placées dans une situation privilégiée, avec mission de venir en aide à vos sœurs obligées de soutenir le rude labeur du gagne-pain quotidien, ne voulez-vous pas être apôtres auprès des âmes isolées en danger de perdition?

Apôtres dans les salons!...

Vous le serez en faisant connaitre notre Association aux maîtresses de maison à la recherche d'institutrices, de gouvernantes, de femmes de chambre. En nous recrutant des correspondantes dans le cercle de vos connaissances.

En sollicitant de vos amies un peu de leur temps ou de leur bourse pour nos services si chargés.

Apôtres dans les campagnes!...

Vous le serez, durant vos séjours d'été, en retenant au foyer les jeunes villageoises ou en les adressant à nos secrétariats si l'émigration s'impose.

Apôtres auprès des jeunes filles qui sont à votre service et des ouvrières que vous employez. Vous le serez en adoucissant par votre charité bienveillante le côté pénible de leur situation.

En leur donnant l'exemple d'une vie sérieuse et chrétienne.

En leur indiquant à l'occasion nos services.

Apôtres, vous le serez en aidant à la diffusion de notre Association par le *Bulletin* en nous faisant connaître des places sûres pour nos jeunes filles, en nous indiquant des personnes dévouées pouvant être nos auxiliaires.

Apôtres, oui, vous le serez en vous pénétrant, pour la faire rayonner autour de vous, de la charité infinie de Celui qui a tant aimé les petits, les humbles, les déshérités.

VII

NOTRE DAME DU BON-CONSEIL ET L'ASSO-CIATION CATHOLIQUE INTERNATIONALE DES ŒUVRES DE PROTECTION DE LA JEUNE FILLE.

Il y a peu de temps, par une belle matinée printanière, je traversais la rue de Alcalá, en revenant de célébrer le Saint Sacrifice de la Messe au Palais de la Castellana habité par D. Carlos de Borbon, Infant d'Espagne et son épouse Doña Luisa d'Orleans, Infante aussi d'Espagne, tous deux d'une pieté si remarquable.

J'employais mon temps dans le tramway à lire je ne sais plus quelle revue catholico-sociale, lorsque, tout absorvé dans ma lecture, je sentis le tramway s'arrèter subitement en débouchant à la Puerta del Sol. Levant alors les yeux, je vis une quantité de véhicules stationnaires comme le nôtre: cela me fit rappeler que nous étions au 1.er Mai, et que nous avions devant nous, défilant par la rue del Arenal la manifestation socialiste, «la fête de la Révolution de l'Avenir et de la rédemption de la classe ouvrière», comme la nomme avec emphase Kautsky.

Comme je crois fermement que la meilleure méthode pour étudier certaines lois sociologiques est l'observation attentive des multitudes dans l'exteriorisation de leurs passions collectives, non seulement je ne me sentis nullement contrarié de cette interruption, mais je me réjouis au contraire de pouvoir tout à mon aise observer la manifestation sans crainte d'être vu et remarqué du milieu des autres voyageurs. Je note ceci comme une avantage inappréciable pour le prêtre catholique qui, véritable ami des ouvriers et défenseur constant de leurs justes revendications ne reçoit d'eux, généralement en échange que des railleries ou des insultes grâce à la presse sectaire qui le dépeint hélas! comme l'ennemi du peuple.

Et après avoir regardé défiler les divers

groupes moins nombreux quene voulut bien le dire certaine presse, et où entraient pour une bonne partie les femmes et les enfants—terrain peu favorable pour le socialisme—j'eus la douleur de voir l'étendard d'un groupe des plus compacts, porté par un robuste jeune homme, élève assidu durant de longues années aux Ecoles du soir de notre *Asociación protectora de artesanos jóvenes* (1).

Il avait été choisi sans doute par ses compagnons pour sa supériorité intellectuelle, sa force herculéenne et sa sympathique figure. Je revis alors par la pensée ce pauvre garçon assidu et appliqué au Patronage, fervent et recueilli dans ses communions annuelles des *sept Dimanches de Saint Joseph*, modèle de ses camarades en tout et à tel point que je caressais pour lui l'idée d'une vocation ecclesiastique probable, et maintenant tà, devant mes yeux, devenu le coryphée du

____

(1) L'Association protectrice des Jeunes artisans est une des œuvres de zèle catholico-social des plus anciennes et des plus intéressantes: ses resultats sont excellents dans la formation chrétienne de la jeunesse ouvrière masculine.

mal et aneantissant ainsi de laborieux efforts et de grandes espérances. Pour quelles causes, Dieu le sait.

Alors, je vous l'avoue, Mesdames, un abattement si profond, une désillusion si grande, s'emparèrent de moi que je compris parfaitement l'angoisse de la pauvre Supérieure de Barcelona, lors des troubles catalans, ne pouvant retenir ses larmes en voyant à la tête des furies qui brûlaient et pillaient son cher couvent une femme pour qui la sainte maison avait été une véritable Providence.

Combien de ces désenchantements trouvez vous aussi, vous, Mesdames, dans votre pieuse et fecond Apostolat?

Que vos cœurs, au cours de ces œuvres charitables soient profondement meurtris par des blessures presque incurables ou continuellement éprouvés par de légères mais irritantes piqûres, il s'ensuivrait toujours le même resultat, c'est à dire, la désillusion qui tue l'espérance, le découragement et l'abandon plus ou moins prompt d'une entreprise trop ardue s'il n'éxistait une force supérieure pour vous soutenir, une lumière surnaturelle pourvous faire entrevoir dans l'au-delà les recompenses inéffables de vos saints labeurs.

Cette force, ce pouvoir, ce baume ne se trouvent pas dans l'altruisme, dans la solidarité humaine, dans le système utilitaire et autres abstractions métaphysiques avec lesquelles la morale laique prétend aujourd'hui gouverner le monde, car toutes ces abstractions ne disent que bien peu de chose au cœur humain et n'ont pas l'éfficacité suffisante pour contenir le choc des passions.

Cette force, ce pouvoir, ce baume, la Religion seule peut nous les offrir, car elle seule enseigne que les ingratitudes, les contradictions, les épreuves et les déceptions inséparables des bonnes œuvres et qui font tant souffrir les cœurs sensibles et devoués qui s'y consacrent sont permises par Dieu pour notre sanctification.

Le plus souvent, ces adversités préviennent les fautes filles du bonheur et de la prospérité; quelquefois, ainsi qu'un habile chirurgien elles guérissent les erreurs commises, mais toujours elles sont pour notre plus grand bien. Le chrétien, comme l'or, vaut d'autant plus qu'il a passé davantage par le creuset de la tribulation; en autre il existe au fond de certaines âmes un excès de sensibilité pouvant dévenir préjudiciable s'il ne trouvait à s'épancher par l'ouverture que produit toute douleur.

La Religion seule peut panser les blessures de l'âme en y répandant le baume sublime, doux et réconfortant de la résignation chrétienne, car se résigner, suivant la délicate expresion de Mme. Swetchine, c'est mettre Dieu entre soi et la douleur. La Religion seule peut présenter la force surnaturelle de la Sainte Eucharistie, car Dieu, s'unissant à l'âme fidèle par la Communion dissipe ses langueurs, la nourrit, la fortifie, l'éclaire et l'enflamme dans la charité divine et la charité fraternelle ce qui est tout un. La Religion seule, enfin, nous permet d'espérer des moissons de félicité et de gloire éternelles pour prix de nos œuvres de zèle catholico-social, moissons d'autant plus riches que les traverses auront été plus pénibles et les consolations moins sensibles dans l'accomplissement de ces mêmes œuvres.

Et l'âme saintement embrasée de l'amour divin, soutenue puissamment par les secours surnaturels, non seulement souffre avec joie et se résigne à toutes les déceptions possibles, mais elle s'y délecte et s'y complait, déplorant de n'en pas ressentir davantage les épines et les meurtrissures (1) puisqu'elle les reçoit comme

(1) L'immortelle poétesse Rosalía de Castro expose magistralement cette idée dans une de ses meilleures poésies *gallegas*. La voici, avec sa traduction en anglais par l'authoress bien connue Miss Annette Meaking :

Un-ha vez tiven un cravo
Cravado no corazon
Y eu non m'acordo xa s'era aquel cravo
D'ouro, de ferro, ou d'amor.
Soyo sei que me fixo mal tan fondo,
Que tanto m'atormentou,
Qu'eu dia e noite sin cesar choraba
Cal chorou Madanela n'a pasion.
Señor, que todo ó podedes,
Pedinlle un-ha vez a Dios,
Dalme valor par'arrincar d'un golpe
Cravo de tal condicion.
E doume Dios e arrinqueiro,
Mais... ¿quen pensara?... Despois
Xa non sentin mais tormentos
Nin soupen qu'era delor;
Soupen só, que non sei que me faltaba

des bienfaits de Dieu pour la purifier et
la perfectionner.

Vous serait-il possible, Mesdames, après
vous être imprégnées de ces saintes veri-
tés, de languir et faiblir dans vos resolu-
tions au milieu des travaux parfois ingrats
de notre Association?

N'est-ce pas au contraire une raison de
les réaliser avec un entrain nouveau en
repetant après l'auteur des Paillettes d'or:

Servir, se donner, se dévouer, c'est
bien beau.

Servir, se donner, se dévouer en aimant,
c'est encore plus beau.

En donde o cravo faltou
E seica, seica tiveu soidades
D'aquela pena... ¡Bon Dios!
Este barro mortal qu'envolve o esprito
¡Quen-o entenderá, Señor...
                    (*Follas Novas*, pag. 13.)

A nail had once been driven
Into my very heart
But whether of gold, or iron, or love?
Y only remember its smart.

Y only know the anguish
And the torment that it gave:
All day, all night, it made me weep,
Like Mary at the grave.

My God! I cried, give courage

Servir, se donner, se dévouer, aimer en souffrant, c'est encore, encore plus beau.

Eh bien, mon Dieu! simplement, généreusement, affectueusement, je viens vous dire:

> Pour soufrir,
> Me voici!
> Je n'ose rien demander, rien prevoir, j'accepte,
> Me voici?

Toutes ces considérations une fois faites, il nous faut conclure en disant que notre Association ou bien n'avait pas raison d'être, ou bien devait être éminemment catholique.

Un ancien Vicaire Général de Avignon

> That I may tear away
> That cruel nail. My prayer was heard,
> I tore it out that day.
>   But oh, who will believe me?
> I dit not know twas pain,
> I felt an ac ing, aching void,
> And a longing to have it again!
>   What? Was really yearning
> For the anguish I had lost?
> Good God! Who understands it
> Our spirit's mortal crust!

(*Galicia the Switzerland of Spain*, pag. 186. London, 1909.)

raconte, sous le titre *Le choix d'une croix*, la suivante légende bien placée ici me paraît-il.

«Le long d'un chemin pierreux que rendait plus pénible la chaleur accablante du soleil, un pélerin cheminait, portant avec peine la croix de sa vie.

»Et le soir venu, il s'arrêta haletant; et dans sa pensée, il murmura:

—»Elle est bien lourde la *croix* que le bon Dieu m'a donnée! oh! je le sais; il nous faut une croix à tous pour ressembler à Jésus-Christ, mais celle que je porte m'écrasse! Mon Dieu! mon Dieu! ne pourriez-vous pas alléger mon fardeau?

»Et un sommeil profond s'empara de lui; et tout à coup il se vit entouré d'une grande lumière, Jésus-Christ lui apparut; et d'une voix douce:

—»Tu voudrais une autre croix que la tienne?

—»Oh! oui, Seigneur! je suis pauvre, je vieillis, et je n'en puis plus. Voilà soixante ans que je marche, portant cette croix que j'aime, parce qu'elle vient de vous; mais, Seigneur...

—»Viens avec moi; mon fils.

»Et il se vit devant une vaste grotte;
et le Seigneur lui dit:

—»Là, sont réunies toutes *les croix*,
qui, dans ma miséricorde, doivent ouvrir
aux hommes les portes du Paradis; laisse
ta croix sur le seuil, entre, et choisis celle
qui te conviendra le mieux.

»Et le pélerin entra; et il fut ébloui et
comme épouvanté de cette multitude de
croix portées depuis le commencement
du monde et qui devront être portées
encore jusqu'à la fin des temps.

»Et longtemps il les examina; il les
pesait, il les retournait, il les essayait, il
les laissait.

»C'était la croix *du remords*,—la croix
de la *jalousie*,—la croix de *l'ingrati-
tude*,—la croix de *la famille dés-
unie*,—la croix de *la maladie* qui para-
lyse les membres, que prive de l'u-
sage des sens, qui repousse par ce que
elle a de repugnant,—la croix *du mépris*,
de *la calomnie*, de *l'inintélligence*,—là
croix de *la trahison* des amis,—la croix
de *la souffrance de ceux qu'on aime*...

»Est à chacune d'elle.

—»Non, non—disait-il—, pas celle-là.

Faut-il donc, ô mon Dieu, que je choisisse?

—»Point de croix sur la terre, point de couronne dans le ciel!—lui dit Jésus-Christ.

—»Et le pélerin revint sur ses pas; il examine encore, il cherche encore, et comme il baissait la tête, découragé.

—»*Regarde*—lui dit la douce voix de Jésus-Christ; et il aperçait, près du seuil, une croix qui l'attire; il la soulève; et un soupir de paix s'échappe de ses lèvres.

—»Il me semble que je la porterai, celle là; elle est bien un peu lourde, mais les autres sont si effra éfrayantes. Puis-je la prendre, Seigneur?

—»Prends-la—dit Jésus Christ.

»Et il tend les bras pour la saisir... il pousse un cri: *c'était la sienne*, la croix que Dieu lui avait donnée dans sa miséricorde, la croix qu'il avait déposée comme trop lourde.»

Sous le voile poétique et suggestif de cette légende se cache une des grandes et austères vérités du catholicisme que nous devrions graver en caractères de feu au plus intime de nos cœurs. Notre maître et modèle Jésus a dit: «Si quelqu'un veut venir après moi, qu'il prenne sa croix et me suive (1).» Donc, puisque nous nous glorifions, et à juste titre, d'être ses disciples, que nous le voulions ou non, prénons notre croix et suivons-le.

Les mystiques distinguent trois sortes de croix que je m'autoriserai à décrire succinctement.

La première, la plus pesante et la moins profitable au point de vue de notre sanctification est la croix qui nous imposent nos propres passions. En effet, quelle croix plus lourde que celle de l'avare se condamnant à un travail sans relâche, se privant des plus légitimes jouissances pour gagner une poignés d'or conservé ensuite au prix de mille inquiétudes et soucis? Quelle croix plus insupportable que celle de l'homme sensuel obligé de payer par de cruelles maladies ses honteuses débauches? Quelle croix plus irritante que celle de l'envieux désespéré de voir que en depit de ses perfidies le prochain, objet de ses jalousies, pros-

_____

(1) Mathieu, XVI, 24.

père et s'élève toujours? Quelle croix plus douloureuse que celle de l'ambitieux? Malheureux dans la poursuite des honneurs, il est plus malheureux encore dans la réalisation de ses rêves. Mais cette croix n'est pas celle des disciples du Christ qui, par leur profession même, doivent lutter courageusement contre les mauvaises passions, cultiver avec soin les bonnes et surtout, celle qui est la source, la racine, la reine de toutes: l'amour chrétien.

Nous arrivons à la seconde sorte de croix commune à tous les mortels: c'est l'héritage transmis par toutes les générations depuis notre premier père Adam (1).

---

(1) Il est bon de remarquer que les catholiques ne sont les seuls à admettre cette loi d'hérédité qui explique clairement bien des mistères douloureux de l'humanité; elle est également admise par certains positivistes.

Voyons comment elle est expliquée par un des principaux chefs: le russe Paul de Lilienfeld.

«Qu'est-ce—dit il—que le peché originel d'après le dogme chrétien? C'était la faute d'un seul dont toute l'humanité est devenue solidaire.

»La science moderne se trouve-t-elle sur ce point en contradiction avec la théologie chrétienne? Nullement, puisque le principe d'hérédité est re-

Les maladies, les rigueurs excessives des
saisons, les privations des pauvres, le
spleen des riches, la mort... qu'est-ce
que ce triste cortege sinon un cortege de
croix envoyées par Dieu pour la régéné-
ration de sa créature déchue!

Enfin, voici la troisième sorte de croix
sur laquelle je voudrais diriger spécialement vos regards: c'est la croix que s'imposent volontairement les âmes généreuses en pratiquant la vertu avec courage
et en s'imposant à cette fin les sacrifices
nécessaires. Et comme une de ces vertus est l'amour du prochain et que cet
amour se traduit en œuvres de zèle catholico-social, tout en sa faveur, en travaillant, Mesdames, à la protection des
jeunes filles vous faites des sacrifices qui
constituent vos croix d'autant plus méritoires qu'elles sont plus volontaires. Et
qui sait? Dieu vous fit heureuses en cette

-----

connu aujourd'hui par la biologie comme le lien
qui unit toutes les générations descendant du
même centre organique, non seulement dans leur
développement normal, mais de même en ce qui
concerne les déviations et les anomalies.»

(*La Pathologie sociale*, pag. 283. Paris, 1896.)

vie, vous livrant à pleines mains riches-
ses, honneurs, position sociale, or comme
il est imposible sans croix d'être disciples
de Jésus, en vous consacrant à la protection des jeunes filles, peut-être vous re-
servez vous des croix pesantes et doulou-
reuses.

Mais la foi, la raison et notre propre
intérêt s'unissent pour nous dire que si
nous devons porter ces croix, c'est à
nous de les rendre profitables en les recevant de la main de Dieu soit comme ex-
piation de nos torts envers Lui, soit
comme moyens de correspondre à son
amour.

Et comme la Religion chrétienne seule
peut nous faire tirer parti de ces croix
pour outre-tombe, il suit de là un deuxième motif pour lequel notre Association
internationale, dans laquelle l'âme rencontre de grandes satisfactions mais aussi
de grandes peines, ou bien ne devait pas
être, ou devait être solidement, foncièrement religieuse afin que tous les efforts,
tous les travaux concentrés en elle aient
un heureux écho dans l'autre vie.

De même qu'une mère affectueuse et

tendre devant présenter à son enfant une-
médecine amère et désagréable mais nécessaire à la conservation de sa santé, ne
le fait jamais sans placer à côté quelque
douceur propre à flatter le palais irrité
par l'amertume, de même Notre-Sei-
gneur, père aimant et miséricordieux à
côté des tribulations et des peines qui,
marchant toujours de pair avec les œuvres de zèle catholico-social les rendent
ainsi plus méritoires, a coutume de placer
des satisfactions et des joies d'une iné-
narrable suavité et que seule pourrait
exprimer l'âme qui les a une fois res-
senties.

La conversion d'une âme longtemps
rebelle, la mort sainte et calme d'une
personne arrachée par nos efforts à l'imminent péril d'une éternelle perdition, les
progrès dans la foi de cœurs faibles et
chancelants, les élans de sincère reconnaissance temoignés par certaines âmes
délicates en échange des bienfaits reçus,
voilà les joies dont Dieu, sur cette terre,
recompense les bonnes œuvres, joies légitimes car comme l'enseigne St. Thomas-
d'Aquin: La joie est la compagne néces-

saire de la vertu, et pour être, vraiment vertueux, il faut se réjouir en faisant le bien...; et même si la vertu est triste, on ne peut la supporter longtemps (1).

Auprès de ces pures satisfactions, il en est d'autres analogues bien que d'origine différente et qui, méritent aussi d'être tenues en compte. A la vue des épreuves envoyées par Dieu à quelques âmes et de la résignation chrétienne avec laquelle celles-ci les supportent, et en comparant ces afflictions aux bienfaits dont nous sommes comblés, le cœur se sent pénetré d'un profond sentiment de reconnaissance envers l'Auteur et le Dispensateur de tout bien. C'est ce que m'exprimait dernièrement en termes émus une de nos dames patronnesses en disant: lorsque je visite les pauvres de la Conférence de Saint Vincent de Paul ou de l'Association domiciliaire et que je compare toute cette misère physique ou morale avec les avantages dont Dieu m'a favorisée, il s'opère en moi une transformation telle que tous les petits désagrements inhérents à la vie

____

(1) *Ethique*, 1, 1, lect. 13; I, 8, lect. 6.

ne peuvent plus, je ne dirai pas m'impatienter, mais me faire proférer une seule plainte; il me semblerait en effet que me plaindre serait offenser un Dieu si liberal à mon égard!

Mais pour que toutes ces satisfactions soient elles aussi méritoires devant Notre Seigneur et puissent être considérees en quelque manière comme un tribut de reconnaissance envers Lui, il est nécessaire qu'elles découlent toutes de la charité chrétienne comme de leur unique principe.

Et voilà un troisième motif pour lequel notre Association internationale ou bien n'aurait pas sa raison d'être ou bien devait être foncièrement chrétienne.

Voilà, pourquoi du reste, depuis sa fondation, l'Association internationale des œuvres pour la protection de la jeune fille, porte le surnom de catholique, de fait est essentiellement catholique et portera son cachet de catholicisme partout ou elle s'implantera.

Les débuts de œuvre furent des plus modestes.

Le 21 Septembre 1896, dans le château

de Perolles aux environs de Fribourg eut
bien la création de la branche suissesse
de l'Œuvre; mais à peine avait-elle com-
mencé à exercer ses fonctions humani-
taires qu'elle sentit le besoin de s'interna-
tionaliser. Etant donnée la mobilité de
la jeunesse protégée il fallait pour que la
protection fut efficace passer la frontière
et aller de l'avant.

Voilà pourquoi le 19 Août 1897, dans
une Assemblée solennelle présidée par
huit évêques, l'Association fut-elle pro-
clamée internationale. Voilà pourquoi elle
se repandit dans toute l'Europe avec la
rapidité de l'éclair.

Un des premiers pays dans lequel notre
Œuvre une fois internationalisée prit racine, fut l'Allemagne catholique dont la
capitale, comme vous le savez, est Munich. Or dans cette grande cité, palpite
un grand cœur foncièrement espagnol,
aimant si tendrement sa patrie, qu'en la
quittant pour son mariage, elle adressait,
tout émue, ces poétiques paroles à son
Royal frère:

> Hoy Alfonso, al alejarme
> De esta tierra bendecida,

Es una la despedida
A mi Patria y á mi hogar.
España y tú en mi cariño
Siempre juntos habéis ido,
Pues tengo de ti aprendido
Cuánto se la debe amar.

Aún era yo tierna niña
Cuando, al salvar la frontera,
¿Te acuerdas? por vez primera
Te vi, afligido, llorar.
¡Ay! Comprendí lo pasado;
Mas al mirarte anhelante,
Escrito vi en tu semblante:
«¡Hay que volverla á ganar!

Y á tu edad, como ninguno,
Trabajaste con desvelo,
Alivio siendo y consuelo,
El estudio á tu dolor.
Y con la Patria soñando,
Que nos pintabas tan bella,
El hacerte digno de ella
Era tu anhelo mayor.

Al fin valientes caudillos
En Sagunto te aclamaron,
Porque digno te juzgaron
De regir esta Nación:
Y tú volaste hacia España,
Que sólo en ti confiaba,
Y que la paz esperaba
De tu regio corazón.

¡Ah! ¡cuántos dulces recuerdos
Llevo siempre en la memoria!
Ellos mi encanto y mi gloria
En tierra extraña serán...
Aquellas tardes de estío
En que al campo nos llevabas
Y la guerra nos contabas
Para mí no volverán.

¡Con qué orgullo referías
Del soldado lo valiente!
El tuyo como el de enfrente
Siendo españoles los dos;
Que en la Península Ibera
Es general la hidalguía,
Y nunca la cobardía
Aquí la permite Dios.

En esas horas serenas
De dicha y melancolía,
El arte y la poesía
A tu lado comprendí.
Así rindo hoy á tus plantas
Los lauros que he recibido,
Pues todo lo que he aprendido
Te lo debo, hermano, á ti.

Colmando tantos favores,
Hoy que va á darme su nombre
Un claro Príncipe, un hombre
De su egregia estirpe honor,
Al ara santa me llevas,
Para que, con él unida,

Tejamos ambos la vida
Con la virtud y el amor.

Cuando me fije en la luna
Desde horizontes lejanos,
Pensaré que mis hermanos
También contemplan su luz,
Ya en la cantábrica playa,
Ya en el solar de Castilla,
Del Tajo en la verde orilla,
O en el jardín andaluz.

Y toda mi hermosa tierra
Evocará el pensamiento,
Soñando con el momento
De verme otra vez aquí.
A mi dulce Patria, en cambio,
Y á Alfonso, que le está unido,
Tan sólo una cosa pido:
¡Un recuerdo para mí! (1)

Je veux parler, vous l'avez deviné sans doute, de S. A. R. l'Infante doña Paz. Et, c'est à cette auguste Princesse, tout imprégnée des sentiments de la plus haute piété et remplie de généreuses ardeurs, que nous devons de connaître en Espagne notre Œuvre aujourd'hui déjà si florissante.

_____

(1) *Poesías* de Paz de Borbón, pags. 21-24. Friburgode Brisgovia (Alemonia), 1904.

La caractère nettement catholique de l'Association a été trop mis en relief par ce que précède pour que j'insiste davantage sur ce point. Cependant, il me reste encore à donner, comme dernière et meilleure demonstration du fait, les distinctions dont elle fut l'objet de la part de notre Bien-Aimé Pontife Pie X. Sa Sainteté, dans une audience accordée à l'Association, disait avec la forte éloquence qui lui est contumière: «Cette Œuvre est belle, sainte et apostolique, car, non seulement, elle sert les intérêts matériels, mais en même temps elle sauve les âmes, et si vous avez sauvé une âme, vous avez prédestiné la vôtre (1).»

Le 31 Août de l'année 1909, le même saint Pontife daignait envoyer la médaille *Benemerenti*, ou de «l'ordre du mérite pour le bien» à notre Présidente générale Mme. de Perolles, á la vice-Présidente Mme. la Baronne de Montenach, et à la Secrétaire générale Mlle. de Weck. Avec cet insigne d'un prix inestimable notre

---

(1) *Bulletin mensuel de l'Association Catholique internationale des Œuvres de protection de la jeune fille*, Janvier 1909.

saint Pére le Pape n'a pas seulement voulu recompenser les mérites de ces dames charitables, mais couronner dans elles à l'Association entière.

Mais là ne se sont pas encore arretées les marques de la bienveillance Pontificale à l'égard de notre Association. S. S. Pie X a fait plus encore en ouvrant sur elle les trésors de grâces célestes par le Bref du 19 Avril dernier ainsi conçu:

«Considérant en notre esprit le salutaire précepte du divin Maître: «Aimez vous les »uns les autres comme je vous ai aimés», nous jugeons être un devoir de notre Ministère apostolique, non seulement d'approuver et d'encourager les pieuses Associations instituées dans un but de charité mutuelle, mais encore de les fortifier et de les enrichir le plus possible avec les grâces et les faveurs célestes dont le Très Haut nous a commis la dispensation. A cette fin, et ayant pris en considération les ardentes suppliques des Présidents de l'Association catholique internationale de la Protection des Jeunes Filles, nous jugeons pouvoir exaucer dans toute leur étendue ces demandes dans leur pieux objet, c'est à dire accorder chaque année, en la fête de Notre Dame du Bon Conseil, une Indulgence plénière. Cette Indulgence peut-être gagnée par tous les fidèles inscrits dans l'Association, protecteurs ou protégés.

»Confiant donc en la miséricorde de Dieu, des bienheureux Apôtres Pierre et Paul et revêtu de l'autorité qui nous a été donné, nous concédons miséricordieusement dans le Seigneur, Indulgence plénière et remission entière des pechés à tous les membres inscrits présentement dans le Comité de la dite Association en quelque contrée que ce soit, à tous ceux qui en feront partie dans la suite associé ou protégé.»

Les conditions requises pour gagner cette Indulgence sont:

«1.º La Confession et la Communion le jour de la fête de Notre Dame du Bon Conseil, c'est à dire le 26 Avril de chaque année ou dans le Dimanche qui suit le 26 Avril.

»2.º La célébration du Saint Sacrifice ou la visite dans quelque temple ou oratoire public depuis le milieu du jour précédent, priant Dieu pour la concorde des princes chrétiens, l'extirpation des héresies, la conversion des pécheurs et l'éxaltation de Notre Mère la Sainte Eglise.

»Nous permettons également l'application de cette Indulgence aux âmes des fidèles défunts, ces grâces perpetuelles étant valables pour les temps présents et futurs. C'est notre volonté qu'il soit donné à ces lettres la même créance que si elles avaient été présentées aux copies ou reproductions signées par quelque Notaire ou autorisées par le sceau de quelque autorité eclésiastique.

Donné à Rome, en le Palais du Vatican, sous l'auneau du pêcheur le dix neuf Juin de l'année mil neuf cent onze de notre Pontificat le neuvième.

CARDINAL MERRY DEL VAL,
Secrétaire d'Etat (1).

---

(1) PIVS PP. X, AD PERPETUAM REI MEMORIAM.—Salutare illud Divini Magistri praeceptum animo repetentes, qui voluit, ut diligamus nos invicem, sicut et Ipse dilexit nos, Apostolici muneris partem esse censemus, pias societates, ad mutuam inter fideles caritatem fovendam exercendamque institutas, non modo probare, debi-

Si la proclamation de Notre Dame du Bon Conseil comme Patronne de l'Association fut un motif de grande satisfaction pour le monde catholique elle le fut bien davantage encore pour l'Espagne. Depuis un temps immémorial, en effet, le culte

---

toque laudis praeconio prosequi, sed etiam coelestibus illis thesauris, quorum dispensationem Altissimus Nobis commisit, ultro libenterque locupletare atque augere. Hac mente, cum Praesides Consociationis catholicae Internationalis Operum pro patrocinio puellarum Nos enixis precibus flagitaverint, ut tum fidelibus adlectis in Comitatus Associationis ipsius, tum Sodalibus Operis, tum protectis, Plenariam Indulgentiam quotannis die festo B. M. Virginis a Bono Consilio, largiri dignemur, Nos votis his piis annuendum quantum in Domino possumus existimavimus.

Quae cum ita sint, de Omnipotentis Dei misericordia ac BB. Petri et Pauli Apostolorum Eius auctoritate confisi, fidelibus in Comitatus superenunciatae Consociationis ubique terrarum nunc et in posterum adlectis sive adlegendis pariter ubique terrarum praesentibus et futuris pii eiusdem Operis tum sociis, tum clientibus, qui, quovis anno, admissorum confessione rite expiati atque angelorum dapibus refecti, die festo B. Mariae Virginis a Bono Consilio, videlicet die vicesimo sexto mensis Aprilis, vel Dominica immele plus solennel est rendu, dans la capitale même de cette Monarchie, à une pieuse et belle statue de la Vierge, invoquée précisément sous le titre de Notre Dame du Bon Conseil, ou comme nous disons: *Nuestra Señora del Buen Consejo.*

---

diate sequenti quodvis templum vel oratorium publicum a meridie diei praecedentis usque ad solis occasum, tum superenunciati diei vigesimi sexti mensis Aprilis, tum sequentis Dominicae, celebraverint, ibique pro Christianorum Principum concordia, haeresum extirpatione, peccatorum conversione, ac S. Matris Ecclesiae exaltatione pias ad Deum preces effuderint, plenariam omnium peccatorum suorum Indulgentiam et remissionem misericorditer in Domino concedimus. Largimur insuper ut ipsis liceat, si malint, eadem plenaria Indulgentia functorum vita labes poenasque expiare. Praesentibus perpetuis futuris temporibus valituris. Volumus autem ut praesentium Litterarum transumptis, seu exemplis, etiam impressis, manu alicuius Notarii publici subscriptis, ac sigillo personae in ecclesiastica dignitate constitutae munitis, eadem prorsus fides adhibeatur, quae adhiberetur ipsis praesentibus si forent exhibitae vel ostensae.

Datum Romae apud S. Petrum sub Annulo Piscatoris die XIX Junii MCMXI, Pontificatus Nostri Anno Octavo.—L. † S.—R. Card. Merry del Val, *a Secretis Status.*

Voici du reste comment le P. Frédéric Cervós, de la Compagnie de Jésus nous décrit la sainte image: «La statue est presque de grandeur naturelle; sa tête converte d'un voile blanc tombant en plis gracieux sur les épaules, est un peu inclinée et tournée vers l'Enfant Jésus que la Vierge porte sur le bras gauche. Sa figure est belle, bien formée, respirant à la fois une piété et une douceur extraordinaires. Les yeux entrouverts et fixés sur le divin Enfant donnent à ce visage virginal expression d'une âme en extase d'amour. De la mair droite Notre-Dame tient les petites mains de son Fils penché vers elle et revêtu d'une tunique rose rehaussée d'or. Le vêtement de la Vierge est d'un blanc crême parsemé de fleurettes rouges et vertes le manteau bleu orné d'une bordure et d'étoiles dorées est doublé de rouge vif (1).»

Devant cette magnifique statue de la divine Mère priait avec un ferveur angé-

____

(1) *Vida del angélico protector de la juventud San Luis Gonzaga religioso de la Compañias de Jseús.* 3.ª edición, pág. 146. Madrid, 1897.

lique le 14 Août 1583 un noble et char-
mant jeune homme, venu à la Cour d'Espagne en qualité de page de S. M. l'Im-
pératrice Marie d'Autriche fille de l'em-
pereur Charles Quint. Agenouillé devant
l'autel de la Vierge, il la suppliait donc
avec toute l'ardeur de son âme de l'éclai-
rer sur le choix d'état. Tout à coup, il
entendit une voix claire et distincte prononcer ces paroles: Mon fils, entre dans
la Compagnie de Jésus.»

Ce jeune homme, est-il besoin de vous
le dire?, n'était autre que Louis de Gonzague, prince du Grand Empire, héritier
d'états princiers, qui dépouillant alors
toute dignité terrestre et toute richesse,
se fit pauvre volontaire dans la Société
de Jésus et reçoit maintenant l'honneur
des autels.

La veracité de ce fait miraculeux est
demontrée nou seulement par une tradition constante et le témoignage de graves
auteurs, quelqu'un, comme le P. Cepari
contemporain du même Saint Louis, mais
encore par la parole autorisée du Pontife
Léon XIII d'heureuse mémoire, dans son
éloquent discours prononcée à la jeunesse

espagnole le 23 Septembre 1891, troisième centénaire de la glorieuse translation de St. Louis Gonzague.

Il n'est donc pas étonnant que cette image à l'histoire si merveilleuse, soit l'objet d'une profonde vénération à Madrid, que toute le noble peuple *madrileño* concoure à l'envi à l'entretien de sa riche chapelle et couvre de joyaux le précieuse statue tant aimée et tant visitée!

A notre tour, nous nous prosternerons à ses pieds pendant le mois d'Avril de chaque année, afin de gagner les indulgences concedées à notre œuvre, demandant que la Vierge du Bon Conseil se daigne bénir et faire prospérer notre Association; que le nombre des Comités aille toujours croissant; que le zèle de l'Association fasse chaque jour plus de conquetes dans les rangs si nombreux déjà des jeunes filles protégées de notre chère Espagne, et que nous ayons tous dans notres cœurs un culte véritable envers Notre Dame de Bon Conseil, afin que sa maternelle protection nous soit une sauvegarde parmi les dangers qui nous entourent.

APPENDICE

ANNEXE I

STATUTS

DE

DE L'ASSOCIATION CATHOLIQUE INTERNATIONALE DES ŒUVRES

DE PROTECTION DE LA JEUNE FILLE

APPROUVÉS À MUNICH, PAR L'ASSEMBLÉE
GÉNÉRALE, LE 19 JUIN 1902

Dispositions générales.

ARTICLE PREMIER. L'Association catholique internationale des Œuvres de protection de la jeune fille a pour but:

1° De réunir étroitement, pour un programme d'action commune, les œuvres et institutions qui, dans les divers pays, s'occupent de la protection de la jeune fille, tout en facilitant entre elles un échange de services réciproques;

2° De faciliter et de poursuivre la fondation de ces sociétés et institutions dans les pays qui en sont dépourvus;

3° De gagner à l'Association, comme membres isolés, les personnes qui s'occupent d'œuvres entrant dans son programme.

Art. 2. L'Association, fondée avec l'approbation et la bénédiction de Sa Sainteté le Pape Léon XIII, se place sous la protection spéciale de Notre-Dame du Bon Conseil; elle soumet son action à l'autorité ecclésiastique et entretient avec elle d'étroites relations.

Art. 3. L'Association a son siège à Fribourg en Suisse.

Les couleurs de l'Association sont le jaune et le blanc.

Membres de l'Association.

Art. 4. Peuvent être admis comme membres de l'Association par le Comité international:

1° Les Associations de protection de la jeune fille; dans les pays où un Comité national est organisé, elles se font agréer par l'entremise de ce dernier;

2° Toutes les sociétés et institutions catholiques qui, sous n'importe quel nom, ont pour but la protection ou le patronage de la jeune fille;

3° Tous les catholiques qui, soit par leurs services personnels, soit por des dons volontaires, veulent soutenir l'Association.

Art. 5. Les Sociétés de protection de la jeune fille payent à l'Association internationale, comme contribution aux frais généraux, le 2 o/o de leurs recettes ordinaires ou quelque autre tribut.

annuel fixé d'entente avec le Comité international (1).

Les institutions payent une cotisation annuelle dont le montant est à fixer par leur bon vouloir.

Les membres isolés versent à la Caisse internationale 2 fr. par an, ou une fois pour toutes, 5o fr. En retour, ils reçoivent gratuitement le catalogue général des membres de l'Association.

ART. 6. Les sociétés et institutions qui adhèrent à l'Association conservent une complète autonomie à laquelle on ne peut porter atteinte sous aucun prétexte.

De même, le mode d'organisation de l'Œuvre dans chaque pays est absolument libre. Toutefois, il est recommandé à toutes les sociétés de protection de la jeune fille de former entre elles de grandes fédérations, circonscrites par les frontières administratives, civiles ou religeuses, et d'en donner la direction à un Comité national, provincial ou diocésain.

Direction.

ART. 7. L'Association est placée sous la direction du Comité international, assisté par le Conseil international.

ART. 8. Le Comité international a son siège à Fribourg, en Suisse; il se compose de la Prési-

---

(1) Chaque nation organisée versera annuellement au Bureau exécutif de Fribourg la somme de 200 fr. pour couvrir les frais de l'organisation et de la propagande internationale. (IVme Congrès international, Paris, octobre 1906.)

dente, générale, de la Vice-Présidente, de la Secrétaire générale, de la Tésoriére et de dix Conseil-
leres ou Conseillères nommés par l'Assemblée
générale: pour cette élection, chaque pays repré-
senté à l'Assemblée a une voix.

Le Comité international a le droit de s'adjoin-
dre encore quelques membres, par voie de coap-
tation, mais sans jamais pouvoir, dans son ensemble, en compter plus de trente. Les membres du
Comité sont élus pour trois ans, soit d'une
Assemblée générale à l'autre, et sont rééligibles.

Art. 9. Le Comité international dirige l'Association. Ses principales attributions sont:

1º La propagande en faveur de l'Association;

2º L'entretien de rapports constants avec les
Comités de chaque pays, ceux-ci pouvant, du
reste, avoir entre eux des relations directes;

3º La rédaction et la publication du *Bulletin
mensuel*;

4º La publication annuelle du catalogue des
membres de l'Association;

5º La préparation de l'Assemblée générale et
l'élaboration de son programme.

Le Comité prend ses décisions à la majorité des
membres présents ou régulièrement représentés.

Art. 10. La Présidente générale ou la Vice-
Présidente représente l'Association vis-à-vis des
tiers. La Présidente ou la Vice-Présidente a, con-
jointement avec la Secrétaire générale, la signa-
ture sociale.

Art. 11. La Secrétaire générale tient le proto-
cole des séances du Comité international et du

Conseil international, ainsi que de l'Assemblée générale; elle dirige la correspondance, assure la publication du *Bulletin mensuel*, ainsi que de tous les autres communiqués et imprimés de l'Association. Elle présente à l'Assemblée générale un rapport sur la marche de l'Association et sur le travail du Secrétariat.

Art. 12. La Trésorière générale assure la conservation des biens sociaux; elle perçoit les cotisations des membres; elle présente annuellement au Comité un compte rendu de sa gestion et à l'Assemblée générale, un rapport sur la situation financière de l'Association.

Art. 13. Le Conseil international se compose:

1° Des membres du Comité international;

2° Des représentants de chaque pays nommés par leurs Comités nationaux et présentés tous les trois ans à l'Assemblée générale, qui fixera leur nombre.

Les membres du Conseil international ont pour mission la défense des intérêts généraux de l'Association et le soin de sa propagande extensive. La Secrétaire gnénérale leur fait parvenir l'ordre du jour et le procès-verbal des séances du Comité international.

Le Conseil international se réunit avant chaque Assemblée générale. Il est permis d'y voter par délégation manuscrite au par correspondance.

Assemblée générale.

Art. 14. Une Assemblée générale des membres de l'Association a lieu au moins tous les trois ans.

Le Comité international désigne la date de l'Assemblée générale, dont il établit l'ordre du jour.

Aucune proposition ne peut être soumise aux délibérations sans avoir été présentée au Comité international trois mois au moins avant l'Assemblée générale.

L'Assemblée générale est présidée par la Présidente générale. Il lui appartient:

1° De nommer la Présidente générale, la Vice-Présidente, la Secrétaire générale, la Trésorière générale et dix membres du Comité international;

2° D'approuver les décisions du Comité international et sa gestion administrative et financière;

3° De fixer le lieu de la prochaine Assemblée;

4° De reviser les statuts et de prononcer la dissolution de l'Association.

Chaque pays a le droit de nommer à l'Assemblée générale un délégué de son choix, qui dispose d'une seule voix dans les votations. Ce délégué doit produire une attestation de ses pouvoirs.

Revision des statuts et dissolution de l'Association.

Art. 15. Toute proposition ayant pour but la revision des statuts ou la dissolution de l'Association doit être portée devant le Comité international six mois au moins avant la réunion de l'Assemblée générale.

Elle doit être appuyée par les représentants de trois pays au moins.

La dissolution de l'Association ne peut être

prononcée que par les deux tiers des membres des représentants des différents pays.

Art. 16. Dans le cas de dissolution de l'Association, l'Assemblée générale détermine l'usage de l'actif de l'Association en faveur d'une œuvre ou institution ayant un but analogue au sien.

Règlement Intérieur du Conseil International

ARTICLE PREMIER. Le Conseil international de l'Association se compose:

a) Des membres du Bureau exécutif et du Comité international résidant à Fribourg.

b) Des délégués des nations organisées, c'est-à-dire possédant un Comité national ou un organe central équivalent. Dans ce conseil, les nations suivantes possèdent d'après le nombre de leurs œuvres locales et de leurs adhérents:

Allemagne, 14 représentants.

Autriche, 5 représentants.

Belgique, 10 représentants.

Danemark, 3 représentants.

Espagne, 7 représentants.

France, 18 représentants.

Grande-Bretagne, 5 représentants.

Irlande, 3 représentants.

Hongrie, 7 représentants.

Italie, 10 représentants.
Luxembourg, 3 représentants.
Pays-Bas, 7 représentants.
Russie-Pologne, 6 représentants.
Suisse, 14 représentants.
République-Argentine, 5 représentants.

ART. 2. Le Conseil international se réunit tous les trois ans avant le Congrès international. Il peut, toutefois, être convoqué dans l'intervalle, si trois nations organisées le demandent ou si le Bureau de Fribourg le juge nécessaire.

ART. 3. Le Conseil examine les propositions qui doivent être soumises au Congrès, délibère sur les intérêts généraux de l'Association, propose la revision des statuts et, en cas de conflit entre deux ou plusieurs comités nationaux, tranche le différend. Il prend toutes décisions et toutes mesures jugées utiles à l'Association internationale.

ART. 4. Le Bureau exécutif et le Comité international permanent, siégeant à Fribourg, relèvent du Conseil international seul et n'ont de comptes à rendre qu'à lui.

ART. 5. Le Conseil admet éventuellement dans son sein les représentants des nouvelles nations qui se dotent de l'organisation centrale nécessaire pour avoir droit à une délégation au Conseil international.

ART. 6. Le Conseil international est présidé par la Présidente internationale, à son défaut par une personne désignée par le Bureau exécutif.

ART. 7. Tous les membres ont voix délibérative et consultative, mais dans les scrutins et votations, chaque pays n'en a qu'une seule. Les membres absents peuvent se faire représenter par une autre personne munie d'une délégation écrite.

ART. 8. La Présidente du Conseil ne vote pas, sauf en cas d'égalité dans les suffrages exprimés, elle tranche alors dans un sens ou dans un autre.

ART. 9. Le procès-verbal des assemblées du Conseil est tenu par le Secrétariat permanent de Fribourg.

ART. 10. Pour les séances du Conseil, les membres doivent porter en évidence l'insigne de l'Association.

ART. 11. Les séances du Conseil sont tenues dans l'ordre suivant:

a) Prière *(Pater, Ave* et une invocation à Notre-Dame du Bon-Conseil);

b) Lecture du procès-verbal;

c) Appel nominal des membres du Conseil;

d) Discussion des propositions du Bureau et du Comité de Fribourg;

e) Discussion des propositions des Comités nationaux;

f) Discussions diverses.

ART. 12. Aucune proposition ne peut être discutée au sein du Conseil international, si elle n'a pas été indiquée d'avance, parmi les *tractanda* de la séance, dans la circulaire de convocation.

ART. 13. Cette circulaire de convocation doit être toujours adressée un mois avant la date de la séance du Conseil international, afin de permettre aux Comités nationaux de se réunir et de donner à leurs représentants un mandat motivé.

ART. 14. Le Bureau exécutif et le Comité international permanent, siégeant à Fribourg, convoquent les réunions du Conseil international, en dressant le procès-verval et exécutant ses décisions éventuelles.

ART. 15. Les membres du Conseil international sont élus tous les trois ans par les Comités nationaux dont ils sont les représentants. Ces nominations sont soumises à l'assemblée du Congrès, qui fixe le nombre de représentants auquel chaque pays a droit. Les élus sont rééligibles.

Les membres du Comité international et du Bureau exécutif, siégeant à Fribourg, sont réélus tous les trois ans prs l'assemblée générale du Congrès. Ils sont rééligibles.

ART. 16. Le siège social du Conseil international est à Fribourg (Suisse). C'est là que sont conservés:

a) Ses archives;

b) Sa caisse;

c) Son avoir éventuel.

ART. 17. Les membres du Comité international payent une cotisation de 10 fr. par an; ils reçoivent gratuitement l'*Annuaire*.

ART. 18. Les membres du Conseil international, qui sont empêchés de prendre part à une séance où ils ont été régulièrement convoqués, doivent excuser leur absence par lettre motivée.

ART. 19. Toutes les communications, lettres, propositions, réclamations, intéressant le Conseil international, devron être adressées au Secrétariat permanent du Bureau exécutif, 16, rue St. Pierre, Fribourg (Suisse).

Art. 20. Le Bureau de Fribourg peut convoquer exceptionnellement au Conseil international les représentants d'un Comité, d'une œuvre ou d'une institution locale affiliées à l'Association qui auraient à y défendre une proposition faite, un vœu soumis par eux au Conseil. Il peut également y convoquer des personnalités marquantes (évêques, ministres, savants, présidents des grandes associations catholiques, etc.), soit pour leur rendre hommage, soit pour les entendre sur un sujet discuté par le Conseil.

Ces invitations sont faites pour une seule séance et renouvelables suivant les circonstances. Elles donnent seulement à ceux qui en sont l'objet *voix consultative*. Les Comités nationaux peuvent demander en les motivant ces invitations extraordinaires au Bureau de Fribourg.

INDICE

OUVRAGES DU MÊME AUTEUR

	Pesetas.
La emigración gallega.	3
Rosalía de Castro.	2
Ernestina Manuel de Villena. . . .	2
Un sociólogo purpurado.	0,30
Crisis de la familia obrera. . . .	0,30
San Pedro Mezonzo (autor de la Salve).	

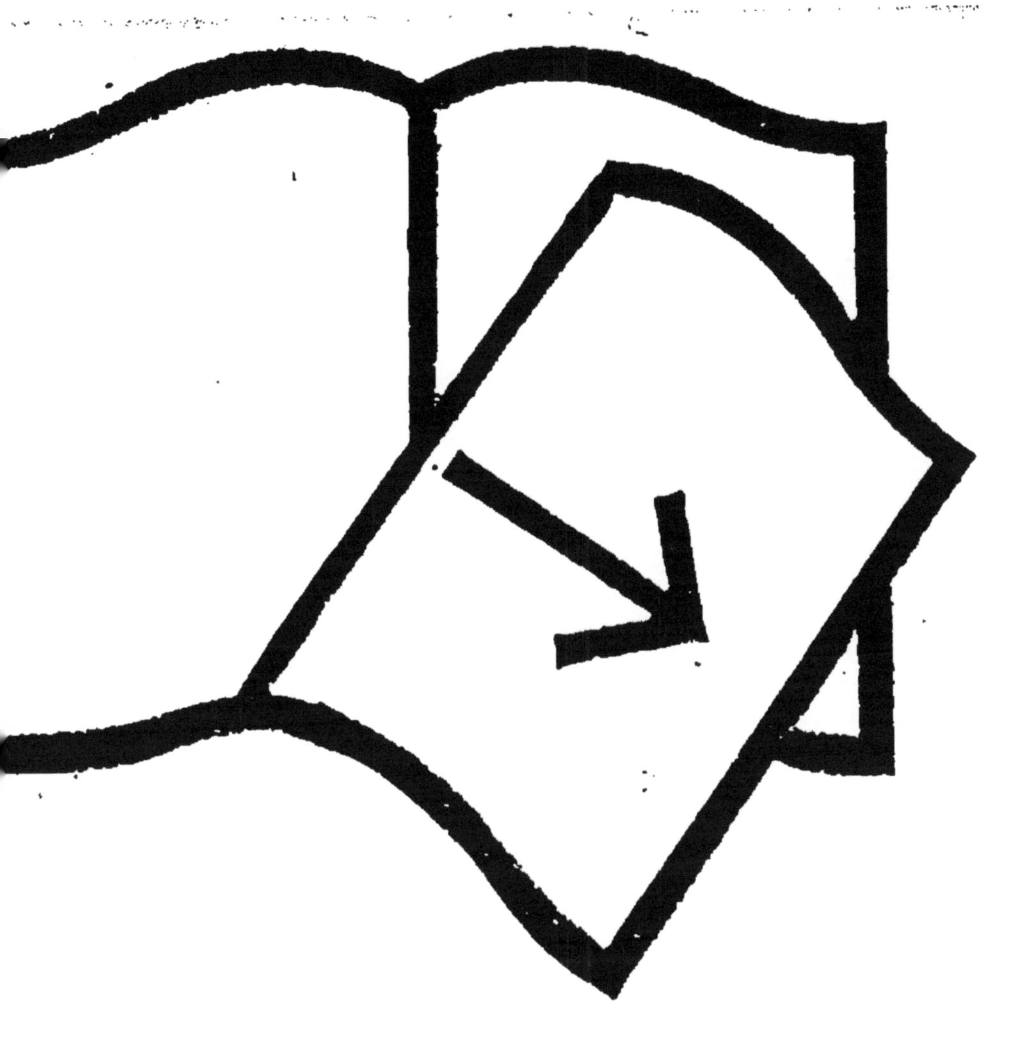

Documents manquants (pages, cahiers...)
NF Z 43-120-13

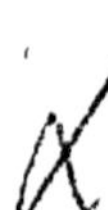